BROMELIADS
HANDBOOK

エアプランツとその仲間たち
ブロメリアハンドブック

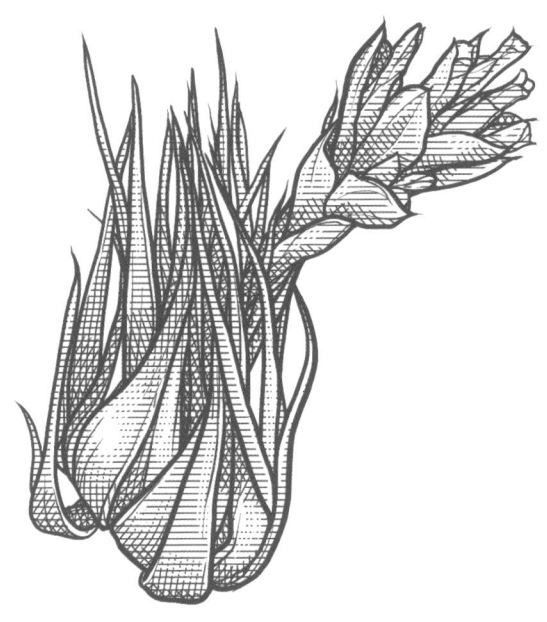

藤川史雄（スピーシーズ ナーサリー）

"エアプランツ"としておなじみの土いらずで育てられる植物、ティランジア。
小さくてコンパクトなものが多く、とても美しい花を咲かせるため人気があります。
実は、彼らは「ブロメリア科」というパイナップルと同じ仲間なのです。

ブロメリア科の植物は、多種多様。
ティランジアのように葉の表面から水を吸うことができ、
土が無くとも生きていけるように進化した「エアブロメリア」。
葉を筒のように成長させて、
タンクのように水を貯める「タンクブロメリア」。
地面にしっかり根を張って育つ「グラウンドブロメリア」。
様々な環境に適応しながら、生態を変化させてきました。
その機能美はとてもユニークで、見たこともないフォルムの珍しい植物ばかり。
エアプランツ以外にも、まだまだ知られざる素晴らしい植物が存在する
魅惑の「ブロメリア」の世界へ、ようこそ。

Contents

Pictorial Book

ブロメリア図鑑	007	Bromeliads Pictorial Book
エアブロメリア	009	Air Bromeliads
タンクブロメリア	053	Tank Bromeliads
グランドブロメリア	088	Ground Bromeliads

Column

ブロメリアの自生地 メキシコ・オアハカ	052	Oaxaca Mexico
ブロメリアの自生地 ブラジル・ドミンゴスマルチンス	087	Domingos Martins Brasil
ブロメリアの分類表	100	Bromeliaceae

How to

ブロメリアの育て方	101	How To
エアブロメリア	102	Air Bromeliads
タンクブロメリア	110	Tank Bromeliads
グランドブロメリア	114	Ground Bromeliads
ブロメリアFAQ	120	FAQ

Column

ブロメリアの巨人たち	122	Bromeliads Legends

Guide

ブロメリアの名著たち	124	Books Guide
ブロメリアを楽しむスポットガイド	125	Spots Guide
Index	126	Index

第 1 章 ブロメリア図鑑

ブロメリア科は8亜科58属約3200種にもおよぶ、多種多様な植物群です。ここでは「エアブロメリア」、「タンクブロメリア」、「グラウンドブロメリア」と生態別に3つの大きなグループに分け、ブロメリア科のまだあまり知られていない魅力的な植物たち245種を厳選して紹介します。

Pictorial Book

アイコンについて

栽培難易度アイコン
その種の栽培難易度を示します。

◯ …… 水やりアイコン
その種がどの程度水を好むかの目安です。
成長期の水やり頻度を基準としています。

日照アイコン
その種がどの程度日照を好むかの目安です。

★ … やさしい
★★ … やや難しい
★★★ … 難しい

💧 … 週に 1 回
💧💧 … 週に 2 回
💧💧💧 … 週に 3 回

◉ … 明るい日陰を好む
◉◉ … 40%遮光程度の木漏れ日を好む
◉◉◉ … 直射日光かそれに近い光を好む

栽培タイプアイコン
その種の栽培方法の種類を示します。次章の「ブロメリアの育て方」の栽培方法解説と連動しています。

エアブロメリア
- ギ … 銀葉種の栽培法
- リ … 緑葉種の栽培法

タンクブロメリア
- コ … 硬葉種の栽培法
- ナ … 軟葉種の栽培法

グラウンドブロメリア
- カ … 乾燥地種の栽培法
- シ … 森林種の栽培法

学名について

（例） *Tillandsia ionantha* var.*stricta* forma *fastigiata*
　　　　　　属　　　　　種　　　　　変種　　　　　品種

属	… その植物の属名です。
種	… 属名と組み合わせてその植物の種を表します。
ssp.	… 亜種。種の下位区分。種として独立するほどではないクラス。
var.	… 変種。亜種の下のクラス。主に分布地域の変異など。
forma/f.	… 品種。変種の下のクラス。花色の差など。
' '	… 園芸品種。園芸目的に人工的に作られた交配種や選抜種の名前はシングルクォーテーションで囲って示される。
sp.	… まだ学名が付けられていない未記載種。
cf.	… 極めて近い類似種。
aff.	… 類似種を表します。cf. の下のクラス。
( )	… 括弧内は、その個体に見られる特徴、原産地、データ等を付記。

Pictorial Book

Tillandsia

ティランジア属

主に熱帯アメリカに分布し、エアブロメリアとタンクブロメリアがある。さまざまな形態と性質を持つバラエティに富んだ属。原種だけでも600種を超え、園芸品種を含めると2000種を超える。主に樹や岩に着生し、土を必要としないことからエアプランツという名前でも親しまれる。一般的なイメージより水を好む。強すぎる日光も苦手なので、通風の良い明るい日陰で管理する。

アエラントス・ミニパープル
Tillandsia aeranthos 'Mini Purple'
小型で葉が紫を帯びるのが特徴の品種。

TILLANDSIA / aeranthos

アエラントス
Tillandsia aeranthos
花つきがよい美花種。耐寒性が高い。
ギ★♦♦◎◎

アエラントス・アルバ
Tillandsia aeranthos var.*alba*
アエラントスの白花変種。
ギ★★♦♦◎◎

アエラントス・マージナータ
Tillandsia aeranthos 'Marginata'
アエラントスのマダラ花突然変異と思われる。
ギ★♦♦◎◎

アイゾイデス
Tillandsia aizoides
2cm程度の高さでも咲く超小型種。花に香りがある。
ギ★♦♦◎◎

アンディコラ
Tillandsia andicola
硬い葉で3～4cm程度の小型種。花に香りがある。
❋★♦♦◎◎

アルゼンティナ
Tillandsia argentina
多肉質の硬い葉を持つ小型種。
❋★♦♦◎◎

アルベルティアナ
Tillandsia albertiana
5cm程度の葉を互生に出す小型種。
❋★♦♦◎◎

アラウジェイ
Tillandsia araujei
長く茎を伸ばすブラジル原産種。
❋★♦♦◎◎

TILLANDSIA / atroviridipetala

アトロヴィリディペタラ
Tillandsia atroviridipetala
濃い緑色の花弁が特徴の種。やや暑さに弱い。
ギ★★♦♦◎◎

アレキタエ
Tillandsia arequitae
成長は遅いが、花は非常に美しい。
ギ★♦♦◎◎

アトロヴィリディペタラ・ロンゲペドゥンクラータ
Tillandsia atroviridipetala var. *longepedunculata*
アトロヴィリディペタラの花梗が長くなる変種。
ギ★★♦♦◎◎

バンデンシス
Tillandsia bandensis
葉を互生に展開。花には香りがある。
ギ★♦♦◎◎

bergeri 'Major' / TILLANDSIA

ベルゲリ・マジョール
Tillandsia bergeri 'Major'
ベルゲリの大型で茎を長く伸ばす品種。

TILLANDSIA / bermejoensis

ベルメオエンシス
Tillandsia bermejoensis
ボリビア原産。丈夫な性質。
🌱★♦♦◎◎

ブレネリ
Tillandsia brenneri
タンク系ティランジア。紫の花を咲かせる。やや暑がる。
🌱★★★♦♦♦◎◎

ブラキカウロス・セレクタ
Tillandsia brachycaulos 'Selecta'
開花時は株全体が真っ赤になる。
🌱★♦♦♦◎◎

butzii / TILLANDSIA

バルフシー
Tillandsia barfussii
アレキタエに似て大型。パラグアイ原産。
ギ★♦♦◎◎◎

ビフローラ
Tillandsia biflora
タンク系ティランジア。花はピンク。夏暑がる。
U★★★♦♦♦◎◎

ブッツィー
Tillandsia butzii
株全体に入るマダラ模様が特徴的。水を好む。
U★♦♦♦◎◎

Air Bromeliads 015

TILLANDSIA / bulbosa

ブルボーサ
Tillandsia bulbosa
入手しやすいポピュラーな壷型種。

ブルボーサ・レッドブル
Tillandsia bulbosa 'Red Bull'
非常に赤味の強い品種。

ブルボーサ・アルバ
Tillandsia bulbosa forma *alba*
ブルボーサの白花品種。

caliginosa / TILLANDSIA

カクティコラ
Tillandsia cacticola
サボテンに着生することから命名された。

カリギノーサ
Tillandsia caliginosa
葉を互生に展開。黄から茶のマダラ花。花には香りがある。

Air Bromeliads

TILLANDSIA / capillaris

カピラリス・ラージフォーム
Tillandsia capillaris (Large form)
大型になるカピラリス。株の幅は2cmを超す。
🌵★★💧💧◎◎

カピラリス・ジャナイ
Tillandsia capillaris 'Janai'
細く長く成長する。株の幅は1cm程度の品種。
🌵★★💧💧◎◎

カピラリス・サキュレントフォーム
Tillandsia capillaris (Succulents form)
多肉質な葉のカピラリス。
🌵★★💧💧◎◎

cf. カピラリス
Tillandsia cf. *capillaris* HR5174
カピラリスと思われる種。3cmに満たない小型種。
🌱★★💧💧◎◎

カピタータ・ドミンゲンシス
Tillandsia capitata 'Domingensis'
開花時以外でも葉が赤い小型品種。寒さにやや弱い。
🌱★★💧💧💧◎◎

カピタータ・イエロー
Tillandsia capitata 'Yellow'
直径40cmを超す大型の品種。
🌱★💧💧💧◎◎

TILLANDSIA / caput-medusae

カプトメドゥーサエ
Tillandsia caput-medusae
ギリシャ神話のメドゥーサのような姿から命名された。

カウレッセンス
Tillandsia caulescens
カウレッセンスとは「有茎」の意。

カルミネア
Tillandsia carminea
根が着生しないとなかなか成長しない。

チャペウエンシス・チュリフォルミス
Tillandsia chapeuensis var. *turriformis*
ブラジル、バイア州で発見された新変種。

コットンキャンディ
Tillandsia 'Cotton Candy'
ストリクタ×レクルヴィフォリアの交配種。
❀★♦♦◎◎

シルシナトイデス
Tillandsia circinnatoides
シルシナータ（現パウシフォリア）に似ることから命名。強光を好む。
❀★★♦♦◎◎

ココエンシス
Tillandsia cocoensis
テヌイフォリアの近縁種。葉はやや硬質。
❀★♦♦◎◎

カエルレア
Tillandsia caerulea
高い空中湿度を好む。
花には香りがある。

カネッセンス
Tillandsia canescens
開花サイズ約10cmにも満たない小型種。

コマラパエンシス
Tillandsia comarapaensis
ボリビア原産。ディディスティカに似るが、花は紫。

コンコロール・ラージフォーム
Tillandsia concolor (Large form)
通常は15cmだが、こちらは45cmになる大型タイプ。

カッパーペニー
Tillandsia 'Copper Penny'
オレンジ色の花には香りがある。

エリック ノブロック
Tillandsia 'Eric Knobloch'
ブラキカウロス×ストレプトフィラの交配種。

フクシー・グラシリス
Tillandsia fuchsii forma *gracilis*
葉先が枯れ込まないように湿度は高めで。

フォリオーサ
Tillandsia foliosa
水を好むので栽培は鉢植えが好ましい。

フンキアナ
Tillandsia funckiana
寒さにやや弱い以外は丈夫な種。

フネブリス
Tillandsia funebris (Darkbrown flower)
株の直径が5cmに満たない小型種。花には香りがある。

フレスニロエンシス
Tillandsia fresnilloensis
カルヴィンスキアナに近縁の種。より小型。
⊕★♦♦◎◎

フネブリス
Tillandsia funebris (Oldgold flower)
花色は黄土色から黒に近いこげ茶まで幅がある。
⊕★♦♦◎◎

ガルドネリ・ルピコラ
Tillandsia gardneri var. *rupicola*
基本種に比べると葉が肉厚。花は薄ピンクから薄紫まで。
⊕★★♦♦◎◎

graomogolensis / TILLANDSIA

ゲミニフローラ・インカナ
Tillandsia geminiflora var.*incana*
ゲミニフローラの葉が白くなる変種。
🝔★★♦♦◎◎

ゲルダエ
Tillandsia gerdae
丈夫だが成長は遅い。クシフィオイデスに近縁でやや小型。
🝔★★♦♦◎◎

グラブリオール・イエローフラワーフォーム
Tillandsia glabrior (Yellow flower form)
シーディアナの変種から独立。花色はピンクと黄色の2タイプ。
🝔★♦♦◎◎

グラオモゴレンシス
Tillandsia graomogolensis
高い湿度を好む。旧名クルトホルスティ。
🝔★★♦♦◎◎

TILLANDSIA / gilliesii

ギリエシー
Tillandsia gilliesii HR7247
4cmに満たない小型種。花に香りがある。

ヒルダエ
Tillandsia hildae
花茎を含む開花サイズは2mの大型種。

ハリシー
Tillandsia harrisii
グァテマラ固有種。CITES II 掲載。

ignesiae / TILLANDSIA

ヒルタ
Tillandsia hirta HR5049
ギリエシーに似る小型種。暑さにやや弱い。
☀ ★★★ ♦♦ ◎◎

ヘウベルゲリ
Tillandsia heubergeri
ブラジル原産の小型稀種。
☀ ★★ ♦♦ ◎◎

イグネシアエ
Tillandsia ignesiae
メキシコ原産の緑花種。プルモーサに近縁でやや暑がる。
☀ ★★ ♦♦ ◎◎

Air Bromeliads

TILLANDSIA / ionantha var.maxima

イオナンタ・マキシマ
Tillandsia ionantha var.*maxima*
イオナンタの15cmほどになる大型変種。
㋖ ★ ♦♦ ◎◎

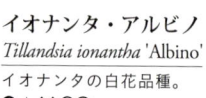

イオナンタ・アルビノ
Tillandsia ionantha 'Albino'
イオナンタの白花品種。
㋖ ★ ♦♦ ◎◎

イオナンタ・アルボマージナータ
Tillandsia ionantha 'Albomarginata'
イオナンタの白覆輪の斑入品種。
㋖ ★ ♦♦ ◎◎

イオナンタ・ヒガンテ
Tillandsia ionantha 'Gigante'
イオナンタの25cmほどになる大型品種。
🌱★♦♦◉◉

イオナンタ・トール ヴェルヴェット
Tillandsia ionantha 'Tall Velvet'
イオナンタの背が高くなる品種。
🌱★♦♦◉◉

イオナンタ・ドゥルイド
Tillandsia ionantha 'Druid'
イオナンタの白花品種。
🌱★♦♦◉◉

イオナンタ・ストリクタ・ロシータ
Tillandsia ionantha var.*stricta* 'Rosita'
イオナンタの葉が細く、通常でも赤味が強い変種。
🌱★♦♦◉◉

TILLANDSIA / ionantha 'Fuego'

イオナンタ・フエゴ
Tillandsia ionantha 'Fuego'
炎のように赤く染まる小型の種。やや寒さに弱い。
🌱★♦♦◎◉

イオナンタ・メキシコ
Tillandsia ionantha（Mexican form）
メキシコ産のイオナンタでやや小型。
🌱★♦♦◎◉

イオナンタ・ストリクタ・ファスティギアータ
Tillandsia ionantha var.*stricta* forma *fastigiata*
「ピーナッツ」の愛称で呼ばれる小型種。やや暑さに弱い。
🌱★♦♦◎◉

ionantha 'Rubra' / TILLANDSIA

イオナンタ・ピーチ
Tillandsia ionantha 'Peach'
紫の花が咲くものが本物とされる。
❋★♦♦◎◉

イオナンタ・ヴァンハイニンギー
Tillandsia ionantha var.*van-hyningii*
イオナンタの有茎の変種。
❋★♦♦◎◉

イオナンタ・ヴァリエガータ
Tillandsia ionantha 'Variegata'
イオナンタの斑入り品種。
❋★♦♦◎◉

イオナンタ・ルブラ
Tillandsia ionantha 'Rubra'
グアテマラ産の開花時に葉がピンクに染まる品種。
❋★♦♦◎◉

TILLANDSIA / ixoides ssp.viridiflora

イキシオイデス・ヴィリディフローラ
Tillandsia ixoides ssp.*viridiflora*
ジュクンダの変種からイキシオイデスの亜種へ変更。

ジュンセア
Tillandsia juncea
非常に丈夫で子吹きも良い。

ジュクンダ
Tillandsia jucunda
花つきが良く、丈夫な種。

カウツキー
Tillandsia kautskyi
ブラジル原産の小型美花種。2013年、CITES IIから除外。
❀★★♦♦◎◎

ロッテアエ
Tillandsia lotteae
開花サイズの株の直径は30cmを超す。花弁が縮れる。
❀★♦♦◎◎

ロリアセア
Tillandsia loliacea
株の高さが3cmほどの小型種。花には香りがある。
❀★♦♦◎◎

TILLANDSIA / macbrideana

マクブリデアナ
Tillandsia macbrideana
ペルー原産。夏の暑さに弱い。

マグヌシアナ
Tillandsia magnusiana
暑さにやや弱いが作りこむと美しい。

ミカンス
Tillandsia micans
花茎を入れると50cmを超える。成長は遅い。

orogenes / TILLANDSIA

ミラグレンシス
Tillandsia milagrensis
ブラジル原産の乾燥に強い種。
ギ★♦♦◎◎

ミオスラ
Tillandsia myosura
多肉質の葉を互生に展開する。花に香りがある。
ギ★♦♦◎◎

ヌプティアリス
Tillandsia nuptialis
花茎を入れると約50cm。開花まで時間がかかる。
ギ★★♦♦◎◎

オロゲネス
Tillandsia orogenes
花序が出て開花が終わるまで半年以上もつ。夏の暑さにやや弱い。
リ★★♦♦♦◎◎

Air Bromeliads

TILLANDSIA / pseudobaileyi x streptophylla

パレアセア・アプリマセンシス
Tillandsia paleacea ssp.*apurimacensis*
変種名はペルーのアプリマックに産することにちなむ。
ギ ★ ♦♦ ◎ ◎

プセウドベイレイ×ストレプトフィラ
Tillandsia pseudobaileyi × streptophylla
かなり大型の交配種。開花時は見応えあり。
ギ ★ ♦♦ ◎ ◎

クェロエンシス
Tillandsia queroensis
エクアドル原産。
繁殖力旺盛だが、暑さにやや弱い。
ギ ★★ ♦♦ ◎ ◎

プラシェキー
Tillandsia praschekii
キューバのイオナンタとも呼ばれる。寒さにやや弱い。
ギ ★★ ♦♦ ◎ ◎

レクルヴィフォリア・サブセクンディフォリア
Tillandsia recurvifolia var.*subsecundifolia*

レオナミアーナと混同されるが別種。丈夫な種。

TILLANDSIA / seideliana

セイデリアナ
Tillandsia seideliana
高い湿度を好む。侘び寂びを感じる花色。
☯ ★★ ♦♦♦ ◎ ◎

スカポーサ
Tillandsia scaposa
コルビーとしても流通している。
⊕ ★ ♦♦ ◎ ◎

シーディアナ・ミノール
Tillandsia schiedeana 'Minor'
小型のシーディアナ。トリコームがやや少なめ。
⊕ ★ ♦♦ ◎ ◎

セレリアナ・ミニパープル
Tillandsia sereliana 'Mini Purple'
小型で15cm程度のサイズで開花する。
❀★♦♦◎◎

スピラリペタラ
Tillandsia spiralipetala HR4167
直径4cmほどの小型種。花弁がねじれ、香りがある。
❀★★♦♦◎◎

スプレンゲリアナ
Tillandsia sprengeliana
ブラジル原産の小型美花種。2013年、CITES IIから除外。
❀★★♦♦◎◎

TILLANDSIA / stellifera

ステリフェラ
Tillandsia stellifera HR4218
直径1cmほどのテクトルム系の最小種。
⊕★★♦♦◎◎

ストラミネア
Tillandsia straminea
株の姿など、変異が大きい。
花には香りがあるが、中には無いものもある。
⊕★♦♦◎◎

ストレプトカルパ
Tillandsia streptocarpa
ドゥラティーに似るが茎は伸ばさない。花には香りがある。
⊕★♦♦◎◎

ストレプトフィラ
Tillandsia streptophylla
乾燥すると葉が株に巻き付くように縮れる壺型種。

TILLANDSIA / stricta

ストリクタ
Tillandsia stricta
丈夫で花つきの良い入門種。
Ⓤ★♦♦♦◎◎

ストリクタ・ハードリーフ
Tillandsia stricta (Hard leaf)
ストリクタの硬葉タイプ。標準タイプより乾燥に強い。
㋖★♦♦◎◎

ストリクタ・アルビフォリア・コスタンゾ
Tillandsia stricta var.*albifolia* 'Costanzo'
ストリクタの葉が白い変種。
㋖★♦♦◎◎

tectorum / TILLANDSIA

ストリクタ・セミアルバ
Tillandsia stricta 'Semialba'
花苞に薄ピンク色がのる品種。

スークレイ
Tillandsia sucrei
根が着生すると調子が上がる。2013年 CITES II 除外。

テクトルム・ギガンテア
Tillandsia tectorum forma *gigantea*
直径40cmを超えるロゼット型テクトルム系最大品種。

テクトルム・スモールフォーム
Tillandsia tectorum (Small form)
エクアドル産の小型テクトルム。

Air Bromeliads

TILLANDSIA / tenebra

テネブラ
Tillandsia tenebra
花色は濃い紫から、黒褐色、ベージュなど様々。花に香り。
⊕★★♦♦◎◎

テヌイフォリア・ストロビリフォルミス・パープルフォーム
Tillandsia tenuifolia var.*strobiliformis*(Purple form)
非常に花つきの良い良種。日が強いと葉が紫に。
⊎★♦♦♦◎◎

テヌイフォリア・ブルーフラワー
Tillandsia tenuifolia 'Blue Flower'
最もポピュラーなテヌイフォリア。水切れに注意。
⬢★♦♦♦◎◎

トメキー
Tillandsia tomekii HR23155
テクトルム系の小型種。
⊕★♦♦◎◎◎

テヌイフォリア・カボフリオ
Tillandsia tenuifolia 'Cabo Frio'
引き締まった姿のテヌイフォリア。
⊕★♦♦◎◎

タイ
Tillandsia 'Ty'
ブルボーサ×エーレルシアナの交配種。
🌱★♦♦◎◎

トロピエンシス
Tillandsia toropiensis
テヌイフォリアに似て花苞が赤い。
🌱★★♦♦◎◎

トリコレピス
Tillandsia tricholepis
直径1cmに満たない小型種。花は黄色。
🌱★★♦♦♦◎◎

TILLANDSIA / usneoides

ウスネオイデス
Tillandsia usneoides
風通しが良く、高湿度を好む。様々なバリエーションがある。花は黄緑色で香りがある。

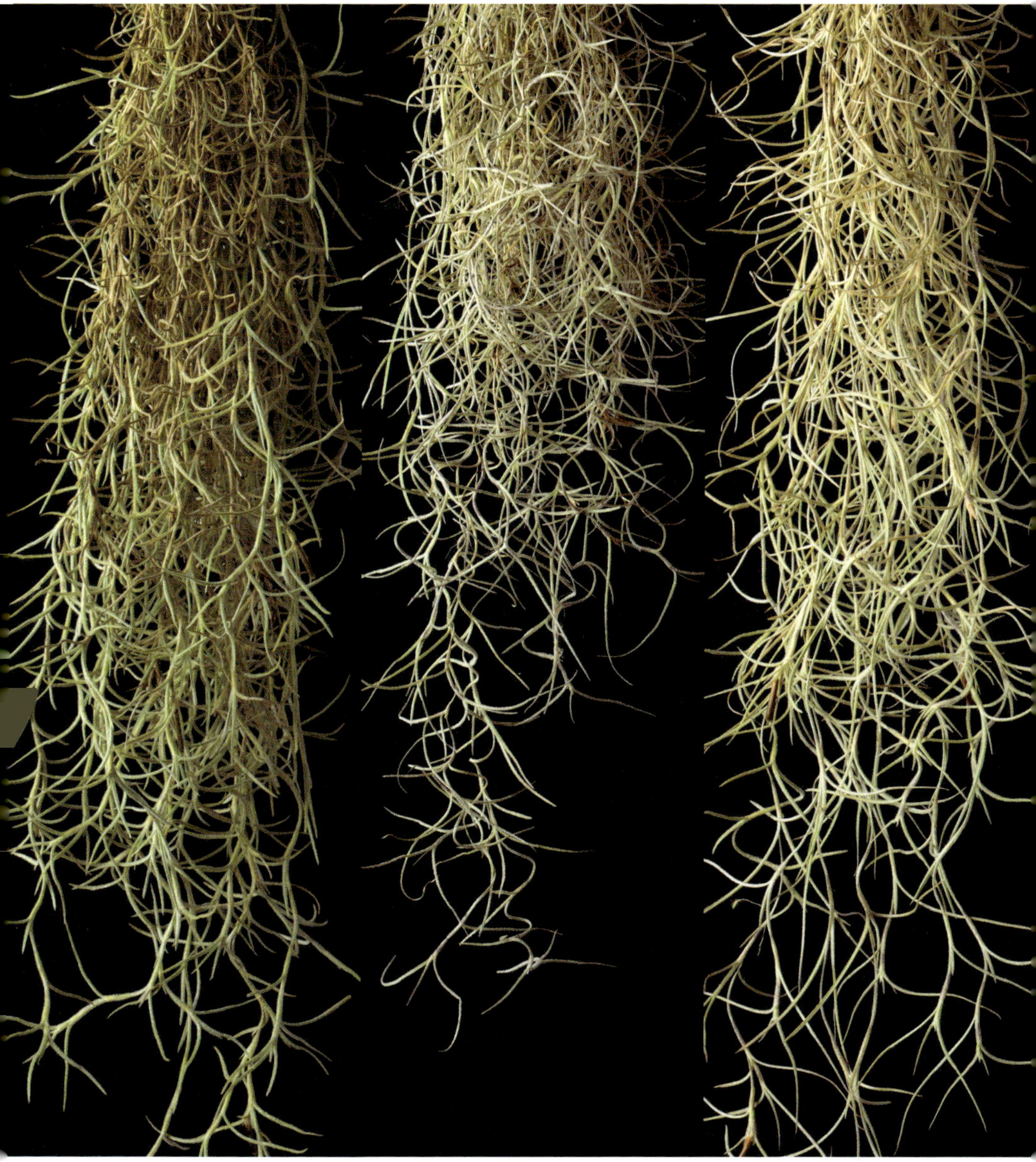

TILLANDSIA / utriculata ssp.pringlei

ウトリクラータ・プリングレイ
Tillandsia utriculata ssp.*pringlei*
花を咲かせなくとも次々と子株を出す亜種。
㊥★♦♦◎◉

ヴィレッセンス
Tillandsia virescens HR7343
カピラリスに近縁の小型種。写真の綿毛は種子。
㊥★★♦♦◎◉

ヴェリッキアーナ
Tillandsia velickiana
高山性のためやや暑がる。
㊥★★♦♦◎◉

ホワイトスター
Tillandsia 'White Star'
イキシオイデス×レクルヴィフォリアの交配種。
㊥★♦♦◎◉

xiphioides / TILLANDSIA

キセログラフィカ
Tillandsia xerographica
室内では株に水を貯めないように注意が必要。
CITES IIの指定種。
☀★★♦♦◎◎

クシフィオイデス・タフィエンシス
Tillandsia xiphioides var.*tafiensis*
紫花の変種。花には香りがある。
☀★♦♦◎◎

クシフィオイデス・ファジーフォーム
Tillandsia xiphioides (Fuzzy form)
トリコーム（鱗片）が濃いタイプ。
花には香りがある。
☀★♦♦◎◎

ティランジアの自生地 メキシコ・オアハカ
OAXACA MEXICO

メキシコのオアハカ州は有名な「オアハカーナ」をはじめとした、数多くのティランジアが発見されている聖地。街自体が標高1600mの高地にありますが、さらに山へ入っていくと2700mくらいまでは、木の上や岩場に多くのティランジアが着生しています。生命力溢れるティランジアのワイルドな姿には、心揺さぶられます。

樹上のあちこちに着生するティランジア・プロディギオーサとティランジア・マクドゥガリー。

斜面の樹々には様々な植物が着生してる。

花序を出すティランジア・マクドゥガリー。

希少種のティランジア・オアハカーナ。

写真提供／島崎 晃

Aechmea

エクメア属

主に熱帯アメリカに分布するタンクブロメリア。細長い筒のような草姿のものから、たっぷりとした壺型、大型種から小型種まで多様なフォルムが楽しめる属のひとつ。鮮やかな花序を長期間つける種も多い。

バート F2
Aechmea 'Bert' F2
オーランディアナ×フォステリアナの交配第二世代。
コ ★ ♦♦ ◎◎◎

Tank Bromeliads

AECHMEA / caudata 'Blotches'

カウダータ・ブロッチズ
Aechmea caudata 'Blotches'
開花サイズ30cm。株の中心と葉先が濃紺となる。黄色の花が咲く。
●★♦♦◎◎

コレイアラウジョイ・ダークフォーム
Aechmea correia-araujoi (Dark form)
長いランナーの先に子株を付ける。
オーランディアナに似るが花が異なる。

ルエデマニアーナ・メンド
Aechmea lueddemanniana 'Mend'
開花サイズの直径は40cmの美しい斑入り品種。

Tank Bromeliads

AECHMEA / nudicaulis 'Rafa'

ヌディカウリス・ラファ
Aechmea nudicaulis 'Rafa'
ヌディカウリスの中でも特異な姿の選抜品種。

ヌディカウリス
Aechmea nudicaulis
ポピュラーなタイプだが引き締めて作ると素晴らしい姿に。
◐★♦♦◎◎◎

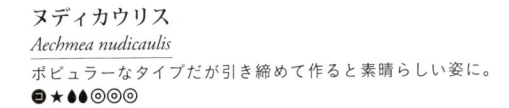

ヌディカウリス・ルブラ
Aechmea nudicaulis 'Rubra'
通常よりやや小型。日に当てると赤が強く出る。
◐★♦♦◎◎◎

ヌディカウリス・ブラッキー
Aechmea nudicaulis 'Blackie'
艶のある質感が魅力。日に当てるとより黒くなる。
◐★♦♦◎◎◎

AECHMEA / orlandiana 'Rainbow'

オーランディアナ・レインボー
Aechmea orlandiana 'Rainbow'
複雑な葉色のオーランディアナの選抜品種。
㊂★♦♦◉◉◉

オーランディアナ・エンサイン
Aechmea orlandiana 'Ensign'
覆輪斑の選抜種。
㊂★♦♦◉◉◉

オーランディアナ・ピンクフォーム
Aechmea orlandiana (Pink form)
基本種より白い部分が多く、日が強いとピンクがかる。
㊂★♦♦◉◉◉

racinae / AECHMEA

プルプレオロゼア
Aechmea purpureorosea
紫がかったローズ色の花序に紫の花をつける。
コ★♦♦♦◎◎

ラシナエ
Aechmea racinae
直径20cmほどの小型エクメア。
ナ★♦♦♦◎◎

ヴィクトリアナ
Aechmea victoriana
水を好む小型エクメア。
ナ★♦♦♦◎◎

Tank Bromeliads

レクルヴァータ・アーティチョーク
Aechmea recurvata 'Artichoke'
花の咲き方がアーティチョークに似ることから命名。

レクルヴァータ・レッドフォーム
Aechmea recurvata (Red form)
葉が真っ赤に染まるレクルヴァータ。

'Beadleman' / BILLBERGIA

Billbergia

ビルベルギア属

ブラジルを中心に熱帯アメリカに分布する、主に硬葉系のタンクブロメリア。アメリカの育種家であるドン・ビードル氏が様々な交配を試み、芸術作品のような複雑な葉模様の交配種を多数作出。以来、愛好家が増え、盛んに交配種が作られる人気の属となった。細長い筒状のロゼットを形成する種類が多く、花は美しい。

ビードルマン
Billbergia 'Beadleman' (Beadle#1596)
ドミンゴスマルチンス×ヘルファイアの交配種。
☀ ★ ♦ ◎ ◎ ◎

Tank Bromeliads

BILLBERGIA / 'Cold Fusion'

コールドフュージョン
Billbergia 'Cold Fusion'
ドミンゴスマルチンス×レプトポーダの交配種。
⊜★♦♦◎◎◎

ダースベイダー
Billbergia 'DarthVader'
日に当てるとさらに黒さを増す。
⊜★♦♦◎◎◎

デナダ
Billbergia 'De Nada' (Beaolle#250)
アモエナ×マンダズオセロの交配種。
⊜★♦♦◎◎◎

'Janet Willson' / BILLBERGIA

グルーヴィー
Billbergia 'Groovy' (Beadle#1590)
ハレルヤ×ドミンゴスマルチンスの交配種。
☐★♦♦☺☺☺

ハレルヤ
Billbergia 'Hallelujah' (Beadle#1260)
姿、色ともに素晴しいドン・ビードル氏の代表作。
☐★♦♦☺☺☺

アイボリータワー
Billbergia 'Ivory Tower'
高さ40cmを超える背の高い交配種。
☐★♦♦☺☺☺

ジャネットウィルソン
Billbergia 'Janet Willson'
外巻きの葉先が魅力の交配種。
☐★♦♦☺☺☺

Tank Bromeliads

BILLBERGIA / kautskyana

カウツキアナ
Billbergia kautskyana
暑さにやや弱いので夏場は涼しい場所で管理。
テ★★♦♦♦☺◉

ヌタンス・ミニ
Billbergia nutans 'Mini'
ヌタンスの超小型選抜品種。
ヨ★♦♦♦☺◉

ラバンバ
Billbergia 'La Bamba'
50cmを超す大型の交配種。
ヨ★♦♦☺◉

ナナ
Billbergia nana
15cm程度の小型原種。
ヨ★♦♦☺◉

stenopetala / BILLBERGIA

ロサ
Billbergia 'Rosa' (Beadle #246)
コレヴィ×ファンタジアの交配種。
❸★♦♦◉◉◉

サンデリアナ
Billbergia sanderiana
黄緑で先端が紫の花が咲く原種。鋸歯が大きなタイプ。
❸★♦♦◉◉◉

ストロベリー
Billbergia 'Strawberry'
ファンタジア×ムリエルウォーターマンの交配種。
❸★♦♦◉◉◉

ステノペタラ
Billbergia stenopetala
開花サイズ約60cmの大型種。寒さにやや弱い。
❸★♦♦◉◉◉

Tank Bromeliads

BILLBERGIA / 'Titan'

タイタン
Billbergia 'Titan'
ウィンディ×ブラシリエンシスの交配種。大型になる
ヨ ★ ♦♦ ◎◎◎

ホワイト クラウド
Billbergia 'White Cloud'
30cmほどで開花する。
ヨ ★ ♦♦ ◎◎◎

vittata 'Dommingos Martins' / BILLBERGIA

ヴィッタータ・ドミンゴスマルチンス
Billbergia vittata 'Dommingos Martins'
野生で発見されたヴィッタータの選抜品種。
🌣 ★★ ♦♦ ◎◎◎

BROCCHINIA / reducta

Brocchinia

ブロッキニア属

南米北部とギアナ高地に分布する軟葉系タンクブロメリア。ブロメリアでは唯一、葉の付け根から消化酵素を出す食虫植物を擁する属。

レダクタ
Brocchinia reducta
ブロメリア科ではとても珍しい食虫植物。
⑦★★♦♦♦◎◎

Canistrum

カニストラム属

ブラジルを中心に分布する硬葉系タンクブロメリア。エクメアに近縁で、属名の由来は、花序の形状にちなんだ「小さなバスケット」の意。

フォステリアナム
Canistrum fosterianum
開花サイズは40cmを超す。カニストラム属では大型。
③★♦♦◎◎

Tank Bromeliads

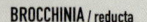

triangulare / CANISTRUM

トリアングラレ・ダーククローン
Canistrum triangulare (Dark clone)
トリアングラレの中でも黒色が特に強く出る個体。

トリアングラレ・スパイニーフォーム
Canistrum triangulare (Spiny form)
黒くて大きな鋸歯が目立つ個体。

CATOPSIS / sessiliflora

Catopsis
カトプシス属

中米を中心に分布する軟葉系タンクブロメリア。
ティランジアと近縁。雌雄異株の種もある。

セシリフローラ
Catopsis sessiliflora
カトプシスの中では珍しい筒状のロゼット。
🌤★♦♦♦◎◎

スブラータ
Catopsis subulata
均整のとれた見事な壺型。夏はやや暑がる。
🌤★★♦♦◎◎

Tank Bromeliads

Hohenbergia

ホヘンベルギア属

ブラジルからカリブ海沿岸にかけて分布する硬葉系タンクブロメリア。エクメアに近縁で、近年は壺型になる種が注目されている。

カティンガエ・ダークパープル
Hohenbergia catingae 'Dark Purple'
カティンガエの中でも特にひきしまった姿になる。

カティンガエ・エロンガータ
Hohenbergia catingae var.elongata
高さ70cmと大型になる。

コレイアアラウジョイ
Hohenbergia correia-araujoi
ホヘンベルギア属の中では異質な縞模様が入る種。

Tank Bromeliads

HOHENBERGIA / edmundoi

エドムンドイ
Hohenbergia edmundoi (Clono type Leme)
開花サイズ約30cm。成長はやや遅い。
☐★♦♦☺☺☺

フミリス
Hohenbergia humilis
開花サイズ高さ20cmほどの小型種。
☐★♦♦☺☺☺

レメイ
Hohenbergia lemei
エルトン・レメ氏の名を冠する。2009年記載。
☐★♦♦☺☺

レオポルドホルスティー・チャパダディアマンティナ
Hohenbergia leopoldo-horstii (Chapada Diamantina)
横に大きく広がるタイプのレオポルドホルスティー。
☐★♦♦☺☺☺

レオポルドホルスティー・ダンクローン
Hohenbergia leopoldo-horstii (Dan clone)
ひきしめて作ると素晴らしい壺型となり、紫色が強く出る。

HOHENBERGIA / leopoldo-horstii

レオポルドホルスティー・レッドフォーム
Hohenbergia leopoldo-horstii (Red form)
レオポルドホルスティーの赤味が強く出るタイプ。
☐★♦♦◎◎◎

ペンナエ・セレクト
Hohenbergia pennae 'Select'
細身の壺形種であるペンナエの優良クローン。
☐★★♦♦◎◎◎

ラマゲアナ
Hohenbergia ramageana
やや寒さに弱く、冬期5度程度になると外葉が枯れこむ。
☐★♦♦◎◎◎

ウンデュラティフォリア
Hohenbergia undulatifolia
葉の縁が波打つ、ペンナエと関連性があると思われる種。
☐★♦♦◎◎◎

sp. / HOHENBERGIA

sp. サンドラズマウンテン
Hohenbergia sp. (Sandra's Mountain)
開花株は高さ50cmを超えるブラジル産の未記載種。

HOHENBERGIA / sp.

sp.
Hohenbergia sp.
直径50cmを超える大型種。ブラジル産とされる未記載種。

ヴェスティタ・ダークエストクローン
Hohenbergia vestita (Darkest clone)
ヴェスティタの最も発色が良いとされる個体。

Neoregelia

ネオレゲリア属

ブラジルを中心に分布する硬葉系タンクブロメリア。花は花茎を伸ばさずロゼットの中心に咲く。多彩な葉色のものが多く、交配種も数多く作られている。丈夫さも魅力。

アンプラセア・ミヌタ
Neoregelia ampullacea 'Minuta'
アンプラセアの中でも開花サイズ高さ約8cmの小型品種。

アンプラセア・ティグリナ
Neoregelia ampullacea 'Tigrina'
開花サイズ15〜20cm。アンプラセアの一品種。

NEOREGELIA / chlorosticta

クロロスティクタ・ベストクローン
Neoregelia chlorosticta (Best clone)
黒地に緑の模様がはっきりと浮かぶ最高のクローン。
🌣 ★ ♦♦ ◉◉

バヒアナ
Neoregelia bahiana
硬質で多肉質の葉を持つ小型ネオレゲリア。
🌣 ★ ♦♦ ◉◉

ホエフネアナ
Neoregelia hoehneana
開花サイズ高さ15cmの小型種。長いランナーが特徴。
🌣 ★ ♦♦♦ ◉◉

カウツキー
Neoregelia kautskyi
ブラジル人研究者ロベルト・カウツキー氏の名にちなむ。

NEOREGELIA / kerryi

ケリー
Neoregelia kerryi
開花サイズ高さ25cmほどの細身の種。
☐★♦♦♦◎◎

マルモラータ
Neoregelia marmorata
マルモラータの中でも模様のはっきりとしたクローン。
☐★♦♦◎◎

ラエヴィス
Neoregelia laevis
開花サイズ高さ18cmほどの小型種。
☐★♦♦◎◎◎

プンクタティッシマ・ジョアオ マルシオ
Neoregelia punctatissima 'Joao Marcio'
模様のはっきりしたプンクタティッシマの選抜個体。
☐★♦♦♦◎◎

パウシフローラ・ラージフォーム
Neoregelia pauciflora (Large form)
最大20cmを超す大型のパウシフローラ。
☐★♦♦♦◎◎

パウシフローラ
Neoregelia pauciflora
開花サイズ高さ13cmほどの小型種。
☐★♦♦♦◎◎

ロエシー
Neoregelia roethii (Leme #1859)
開花サイズ高さ13cmほどの小型種。
☐★♦♦♦◎◎◎

Portea

ボルテア属

ブラジルに分布する硬葉系タンクブロメリア。1mを超す大型のものが多く、アメリカの温暖な地域などでは、ガーデンプランツとしても親しまれている。その名はフランス人収集家のマリウス・ポルテ氏にちなむ。

ナナ
Portea nana (Leme #3028)
大型なものが多いポルテア属の中では珍しい開花サイズ高さ約25cmの小型種。

Quesnelia

クェスネリア属

ブラジル西部に分布する硬葉系タンクブロメリア。

エドムンドイ・ルブロブラクテアータ
Quesnelia edmundoi var.*rubrobracteata*
エドムンドイの赤くなる変種。

marmorata / QUESNELIA

アルヴェンシス・ルブラ
Quesnelia arvensis 'Rubra'
大きなスカーレット色の花苞に小さな紫色の花を咲かせる。
コ★♦♦◎◎◎

リボニアナ
Quesnelia liboniana
開花サイズ高さ約30cm。ランナーで増える。
コ★♦♦♦◎◎

マルモラータ
Quesnelia marmorata
マルモラータとは「大理石」の意。葉模様に由来する。
コ★♦♦◎◎◎

Tank Bromeliads

QUESNELIA / marmorata 'Tim Plowman'

マルモラータ・ティム プローマン
Quesnelia marmorata 'Tim Plowman'
マルモラータの葉先がカールする選抜品種。

Racinaea

ラシナエア属

かつてはティランジア属に含まれていた軟葉系タンクブロメリア。中米からブラジルにかけて分布。湿度の高い雲霧林に主に生息する。

コントルタ
Racinaea contorta
開花サイズ約20cm。中米の雲霧林に生息。

Vriesea

フリーセア属

熱帯アメリカに分布する主に軟葉系タンクブロメリア。ティランジアと近縁の属。

オスピナエ
Vriesea ospinae
黄色の花苞に黄色の花が咲く。

ラシナエ
Vriesea racinae
開花サイズ高さ15cm程度の小型種。

sp. ブラジル
Vriesea sp.(Brazil)
ポエニュラータに近いブラジル産の未記載種。

ブロメリアの自生地 ブラジル・ドミンゴスマルチンス
DOMINGOS MARTINS BRASIL

ブロメリアの多くはブラジルを原産としています。ブラジル東南部のエスピリトサント州の中心都市、ドミンゴスマルチンスは高山地帯が多く、熱帯林が広がる"緑の街"と呼ばれる場所。ビルベルギア・ヴィッタータ・ドミンゴスマルチンスの発見地としても知られ、数多くのブロメリアの新種を発見したロベルト・カウツキー氏が研究の拠点とした街でもあります。巨大な一枚の岩で出来た山「ペドラアズール」では、岩場にがっちりと着生する逞しいブロメリアの姿を見ることができます。

樹上に着生するビルベルギア・アモエナ。サンタテレーザにて。

ビルベルギア・トゥウィーディエアナ。グァラパリの海沿いにて。

海沿いの岩場に着生するブロメリアたち。グァラパリにて。

岩盤の急斜面に着生するアルカンタレア・ヴィニコロール。

写真提供／上野一郎

Column

087

Cryptanthus
クリプタンサス属

ブラジルに分布する森林系のグラウンドブロメリア。ロゼットを真上から見ると星型に見えることから別名アース・スター。「クリプタンサス」とは"隠れた花"という意味で、小さい花を株の中央につける。素晴らしい交配種も多い。

アブソリュートゼロ
Cryptanthus 'Absolute Zero'
スウィートトゥース×アイスエイジの交配種。

lacerdae 'Menescal' / CRYPTANTHUS

アルギロフィルス
Cryptanthus argyrophyllus
直径20cmほどになる。加湿を嫌う。
☻★★♦◎◎

ラセルダエ
Cryptanthus lacerdae
栽培がやや難しい。高い湿度を要する。
☻★★★♦♦♦◎◎

フェルンセオイデス
Cryptanthus fernseeoides
クリプタンサスの中では珍しく茎を伸ばす原種。
☻★★★♦♦♦◎◎

ラセルダエ・メネスカル
Cryptanthus lacerdae 'Menescal'
ランナーを伸ばして子を増やす。栽培は容易。
☻★♦♦◎◎

Ground Bromeliads

CRYPTANTHUS / latifolius 'Formati'

ラティフォリウス・フォルマティ
Cryptanthus latifolius 'Formati' (Selby 1987-240A)
野生の選抜個体。種名は「幅広い葉」の意

レウジンゲラエ
Cryptanthus leuzingerae (Selby 1999-0162A)
非常に珍しいブラジル原産の原種。

ミクログラジオウィ
Cryptanthus microglazioui
株の直径が5cmほどの小型有茎種。

ワラシー
Cryptanthus warasii
栽培は乾燥地種に準ずる。成長が非常に遅い。

Deuterocohnia

デウテロコユニア属

南米ブラジルに分布している乾燥地系グラウンドブロメリア。ディッキア、ヘクティアに近縁だが、花の形が異なり、筒状の細長い花が咲く。

ブレヴィフォリア・クロランサ
Deuterocohnia brevifolia ssp. *chlorantha*
アブロメイティエラ属から編入。乾燥に強く筒状の花をつける。
力 ★ ◊◊◯◯◯

Dyckia

ディッキア属

主に南米に分布する乾燥地系グランドブロメリア。多肉植物の愛好家の中にもこの属を好んで集めている人が多く、また、寒さにも暑さにも強くてとても育てやすい。近年は交配種の作出も盛んで、魅力的な作品が数多く誕生している。黄色からオレンジの花が咲く。

ブリットルスター F2
Dyckia 'Brittle Star' F2
フォステリアナ×プラティフィラの交配第二世代。
力 ★ ◊◊◯◯◯

Ground Bromeliads

DYCKIA / hebdingii

ヘブディンギー
Dyckia hebdingii
直径30cmを超す大型種。子株をめったにふかない。
🄒 ★ ♦♦◎◎◎

マルニエルラポストレイ
Dyckia marnier-lapostollei
日本でも入手しやすく非常に魅力的な種。
🄒 ★ ♦♦◎◎◎

ゴエリンギー
Dyckia goehringii
ランナーを伸ばして子株を増やす。
🄢 ★ ♦♦◎◎◎

sp. リオグランデ
Dyckia sp. (JN1908 Rio Grande do sul)
ブラジル原産。黄花を咲かせる。
🄒 ★ ♦♦◎◎◎

Encholirium

エンコリリウム属

ブラジルに分布する乾燥地系グラウンドブロメリア。成長は非常に遅く、繊細な面もあり、栽培は易しくない。しかし、とても魅力的な種が多く、挑戦する価値はおおいにある。

エロイサエ
Encholirium heloisae
いぶし銀な魅力のある小型種。成長が極めて遅い。

sp.
Encholirium sp.
ブラジル原産。
ディッキア・マルニエラポストレイとして入国。

sp. コンセロ ブラジル
Encholirium sp. (Consello.Brazil)
大きさは20cmを超える。

sp. ヴァウ
Encholirium sp. (Vaw)
ブラジルのヴァウで発見された未記載種。

Hechtia
ヘクティア属

メキシコを中心に分布する乾燥地系グラウンドブロメリア。ディッキア同様、多肉植物としても親しまれている。

グロメラータ
Hechtia glomerata
「華燭の典」の和名も。
カ★♦♦◎◎◎

リーマンスミシー
Hechtia lyman-smithii
ヘクティア・マルニエルラポストレイと混同される事が多い。
カ★♦♦◎◎◎

sp. メキシコ
Hechtia sp.(Maxico)
メキシコ産の赤みが強い原種。
カ★♦♦◎◎◎

sp. ノヴァ オアハカ
Hechtia sp.Nova(Oaxaca)
メキシコのオアハカで発見された未記載種。
カ★♦♦◎◎◎

Ground Bromeliads

Orthophytum
オルソフィツム属

ブラジルを中心に分布する主に森林系グラウンドブロメリア。属名は「立ち上がる（直立する）植物」という意。その多くが茎をのばして開花する。

アルヴィミー
Orthophytum alvimii
開花サイズは高さ50cmを超える。

グルケニー
Orthophytum gurkenii
開花サイズは高さ35cmほど。オルソフィツム属唯一のゼブラ柄。

グルケニー・ウォーレンルース
Orthophytum gurkenii 'Warren Loose'
グルケニーの選抜品種。

マガラエシー
Orthophytum magalhaesii
開花サイズは高さ30cmほどになる。

ORTHOPHYTUM / aff.lemei

aff. レメイ
Orthophytum aff.*lemei*
花茎の高さまで入れると約50cmほどの大型種。乾燥地種。

Pitcairnia

ピトカイルニア属

主に熱帯アメリカに分布するグラウンドブロメリア。ブロメリア科では唯一1種が、南北アメリカではなく西アフリカに分布している。

マクロクラミス
Pitcairnia macrochlamys
メキシコ原産。冬期落葉する。
力 ★ ♦♦ ◎◎

マクロクラミス・アルバ
Pitcairnia macrochlamys 'Alba'
マクロクラミスの白花変異。
力 ★ ♦♦ ◎◎

sp. エクアドル
Pitcairnia sp. (Ecuador)
茎を伸ばし赤い花を咲かせる。冬期は落葉する。
力 ★ ♦♦♦ ◎◎

タブリフォルミス
Pitcairnia tabuliformis
メキシコ産のロゼットが美しい特異な種。
✓ ★★ ♦♦♦ ◎◎

Ground Bromeliads

Puya

ブヤ属

乾燥地系グラウンドブロメリアで、その多くが南米アンデスなどの標高の高い場所に生息。ブロメリア科の中で最大のライモンディなども有名。

コエルレア
Puya coerulea
幹立ちし、150cmを超える大型種。
カ ★ ♦♦ ◎◎

Ursulaea

ウルスラエア属

メキシコ原産の1属2種。エクメアに近縁なグラウンドブロメリアとタンクブロメリアの中間的な存在。

ツイテンシス
Ursulaea tuitensis
メキシコ・ハリスコ州の岩場に産する。
カ ★ ♦♦ ◎◎◎

ブロメリアの分類表
BROMELIACEAE

今回、図鑑で紹介した以外にも、ブロメリア科には8亜科58属約3200種におよぶ膨大な仲間たちが存在します。※青字は図鑑収録属。

ブロメリア科・8亜科 58属 約3200種

Bromelioideae
ブロメリア亜科・33 属

- アカントスタキス属
- エクメア属
- アナナス属
- アンドロレピス属
- アラエオコックス属
- ビルベルギア属
- ブロメリア属
- カニストロプシス属
- カニストラム属
- クリプタンサス属
- デイナカンソン属
- ディステガンサス属
- エドムンドア属
- エドゥアンドレア属
- ファシクラリア属
- フェルンシーア属
- グレイギア属
- ホヘンベルギア属
- ホヘンベルギオプシス属
- ラパンサス属
- リーマニア属
- ネオグラジオヴィア属
- ネオレゲリア属
- ニドゥラリウム属
- オカガビア属
- オルソフィツム属
- ポルテア属
- プセウドエクメア属
- プセウドアナナス属
- クェスネリア属
- ロンベルギア属
- ウルスラエア属
- ウイットロッキア属

Tillandsioideae
ティランジア亜科・9 属

- アルカンタレア属
- カトプシス属
- グロメロピトカイルニア属
- グズマニア属
- メゾブロメリア属
- ラシナエア属
- ティランジア属
- フリーセア属
- ウエラウヒア属

Brocchinioideae
ブロッキニア亜科・1 属

- ブロッキニア属

Hechtioideae
ヘクティア亜科・1 属

- ヘクティア属

Lindmanioideae
リンドマニア亜科・2 属

- コンネリア属
- リンドマニア属

Pitcairnioideae
ピトカイルニア亜科・6 属

- デウテロコニア属
- ディッキア属
- エンコリリウム属
- フォステレラ属
- ペピニア属
- ピトカイルニア属

Navioideae
ナヴィア亜科・5 属

- ブレウカリア属
- コッテンドルフィア属
- ナヴィア属
- セクエンシア属
- ステイエルブロメリア属

Puyoideae
プヤ亜科・1 属

- プヤ属

Column

第 2 章 ブロメリアの育て方

葉から水を吸う「エアブロメリア」、葉を筒状にしてロゼットの中央に水を貯める「タンクブロメリア」、地面に根を張る「グラウンドブロメリア」の3つのグループに分け、それぞれの育て方を解説します。

※育て方は、栽培する環境によって様々です。解説はあくまで目安です。
　実際に育てながら、日々よく植物の様子を観察して、その環境にあった育て方を見つけ出してください。

エアブロメリアの育て方
(ティランジア属の大半、フリーセア属の一部)

エアブロメリアとは、主に樹や岩に着生し、主に葉の表面から水分を吸収するティランジア属の大半とフリーセア属の一部。俗にエアプランツと呼ばれるのがこのタイプです。大きくわけると以下の2タイプになります。

銀葉種
トリコームと呼ばれる、水分や養分を吸収する白い鱗片をまとっているタイプ。比較的乾燥に強い性質です。

緑葉種
トリコームをまとっておらず、緑色をした葉のタイプ。銀葉種に比べると、強い日に弱く、乾燥にも弱い性質があります。

AIR BROMELIADS 【育て方のポイント】

◎ やわらかな光
◎ 充分な水やり
◎ 適度な通風
◎ 置き場所は窓辺、ベランダ、庭など
◎ 冬は室内の明るい窓辺にとりこむ

日照の管理

ティランジアは木漏れ日のようなやわらかな光を好みます。直射日光は強く差し込まないが暗がりの日陰ではなく、できるだけ明るい日陰を探してください。

ちょうどいい場所がない場合は自分で作ります。園芸店には「遮光ネット」という日差しをちょうどよく遮るためのシートが売っています。特に夏などの強い日差しが当たる際は、直射日光を遮ってください。また、無風状態で水やりをした直後に夏の強い日差しが葉に当たると、葉が傷むので注意してください。トリコームをまとう銀葉種より、緑葉種のほうが葉焼

けしやすいため、より注意が必要です。室内で育てる場合は、くれぐれも窓辺から1〜2mくらいに置いてください。それ以上離れるとティランジアには暗くなってしまいます。直射日光の当たる窓辺では、床面の温度がかなり上がってしまうことがあるため、レースのカーテンなどで遮光してあげると良いでしょう。

水やりの方法

ティランジアは主に葉の表面から水分を吸収します。霧吹きやシャワーで株全体を濡らすようにして水やりをしてください。春から秋の成長期はとても水を欲しがるため、週2〜3回、または毎日水やりしても喜ぶほどです。その際、濡れている時間が長いほど水を吸えるので、日没後に水やりをし、翌日の暑くなる時間帯までに株が乾くようにします。雨に当てるのもとても良いことです。ただし、ティランジアは2日以上にわたり濡れたままになることを嫌うため、長雨の際は雨の当たらない軒下などに移動させましょう。

また湿度が高いと株の水分が保持され、成長が促進されます。最も理想的な置き場所は、庭の木の下に吊ることです。木漏れ日を浴び、適度な風と地面からのほどよい湿度もあり、ティランジアの自生地に一番近いからです。ただし、冬は室内に取り込むことを忘れないようにしましょう。室内で育てる場合は、トリコロールやキセログラフィカなど、葉に水を貯める構造になっている一部の種は、水やりをしたあと株を逆さにして葉の間に貯まっている水を抜いてください。無風かつ暗い環境で水が貯まってしまうと、芯が抜けてバラバラになってしまうことがあります。

逆に、株を乾かしすぎてしまった際には、「ソーキング」が効果的です。水を貯めた容器にそのまま株を沈めて水を吸わせる方法です。目安は、水に浸して6時間ほど。最大12時間にしてください。一晩くらいは漬けておいて大丈夫です。しかし、テクトルムだけはソーキングしないほうが良いです。水やりをソーキングだけに頼るのは良くありませんが、乾かしすぎてしまった時の処置として知っておきましょう。

株全体に水をかけるように。

通風の確保

室内で育てなくてはいけない場合は、水やりのあとや夏に室内が高温になる場合は、窓を開けるか、少し外に出して風に当ててあげましょう。扇風機やサーキュレーターなどで空気を動かしてあげるのも効果的です。密閉容器などに入れたりは厳禁です。

冬越し・夏越しの方法

室内ではサーキュレーターで空気を動かす。

電球があまり熱くならないLEDが効果的。

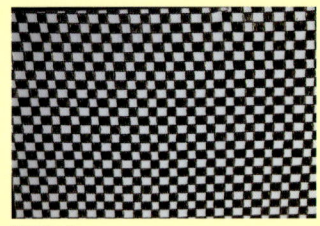

遮光ネット

「冬越し」の方法

ティランジアは最低気温が10度をきったら室内へとりこみ、光の差し込む窓辺で管理します。最近の家は密閉度も高く、真冬でも室内は最低15度以上ある場合が多いようです。そうした環境の場合は、通常と同じように2日に1度くらい水やりをしても大丈夫です。ただし、寒すぎない日中に水やりをし、夜には乾くようにします。水やりが終わったあとは、窓を開けるなどして、通風をはかってください。

10度以下まで下がってしまう場合は、週に1～2度程度霧吹きで株を湿らせてあげます。5度以下まで温度が下がってしまう場合は、水やりを極力控え、株の乾き具合をみながら10日に1度程度、霧吹きで濡らして乾かし気味に管理して下さい。基本的に、植物の体液は、水やりを控えると濃くなって寒さに強くなり、水やりを多くすると薄くなって寒さに弱くなります。気温が低くなるにつれ、水やりの量は控えめにしていってください。冬は無理に成長させようとせず、衰弱させないことに努めるのが一番です。また、冬場でも光は大切なので、どうしても日当たりのよい窓辺が確保できない場合は、植物用の蛍光灯やLEDなどの補助光を当ててあげると効果的です。

「夏越し」の方法

暑い国の植物だから夏は問題ないだろう、というのは大間違い。基本的に山の涼しいところに育つため、日本の30度を超す暑い夏は大敵です。まずは風通しの良い、強光が当たりすぎない場所を確保します。そういった場所が見つからない場合は、園芸店などで販売されている遮光ネットなどでしっかり遮光し、なるべく30度以上にならないように工夫しましょう。

また、最近では白や銀の遮光ネットなども出ており、こうしたタイプは、熱をしっかりと遮りながらも明るさは黒い従来の遮光ネットより明るいため、より効果的です。遮断したいのは"明るさ"ではなく"熱"です。準高山性などの暑さに弱いティランジアは、真夏日が続く時期は日没後に毎日水やりをすることで、夏を乗り切りやすくなります。

How to

手入れカレンダー

※水やりの頻度や遮光の度合いなどは、あくまで目安です。
それぞれの栽培環境によって株の状態を見ながら調整してください

〈銀葉種〉
- 春 水やり：週2~3回。 日照：直射日光が当たる場所では30%程度の遮光。
- 夏 水やり：週2~3回。 日照：直射日光が当たる場所では40%程度の遮光。
- 秋 水やり：週2~3回。 日照：直射日光が当たる場所では30%程度の遮光。
- 冬 水やり：週1~2回。 日照：直射日光が当たる場所では0~30%程度の遮光。

〈緑葉種〉
- 春 水やり：週3回〜毎日。 日照：直射日光が当たる場所では40%程度の遮光。
- 夏 水やり：週3回〜毎日。 日照：直射日光が当たる場所では50%程度の遮光。
- 秋 水やり：週3回〜毎日。 日照：直射日光が当たる場所では40%程度の遮光。
- 冬 水やり：週1~2回。 日照：直射日光が当たる場所では0~30%程度の遮光。

日常の管理

肥料のやり方

肥料がなくても育ちますが、与えることでより早く育ちます。ただし、あまり濃い肥料は苦手なので、水やりの際、園芸用の液肥を約1000〜2000倍に薄めたものを春と秋の成長期にあげるとよいでしょう。肥料の養分も主に葉から吸うので、水やりと同様に株全体を濡らすようにジョウロや霧吹きで与えてください。また、肥料を混ぜた水やりをしたら、次の水やりでは水のみにして葉の表面に残った肥料を洗い流すようにしましょう。

枯葉の手入れ

枯葉は1~2枚程度であれば放っておいても良いですが、たまってくると水やりや光合成の妨げになります。ティランジアは葉が常に湿っている状態を嫌うので、特に水やりを頻繁にする人は、根元まで茶色になった枯葉は外しましょう。つまんでひっぱれば簡単に外れます。葉先が枯れていても根元のほうがまだ枯れていなければ、そのままにしておきましょう。美観が気になるようなら、枯れている葉先だけハサミでトリミングします。

害虫への対策

ティランジアには、ほとんど心配するような害虫は付きません。ごくまれにコナカイガラムシが葉の間に潜んでいることがあるので、見つけたらピンセットなどで取り除いてください。奥に潜んで取りきれない場合は、オルトラン水和剤などを使って駆除します。室内では、赤い1mm以下の虫が葉の上をゆっくり動いていることがあります。これはハダニです。水で洗い流し、まめに水やりをすることでいなくなります。

ティランジアを増やす

株分けで増やす
花を咲かせたティランジアは、通常1〜5個の子株をつけます。親の2/3くらいの大きさまで成長したら、切り分けることができます。あまり小さいうちから親から離してしまうと、栄養がもらえなくなりかなり成長が遅くなってしまいますので注意してください。切り分けずにそのままつけておいてクランプ（群生）状にしても面白いでしょう。親株は子株からさらに孫株が出るくらいまでは生き、子や孫に栄養を送り続けますが、徐々に衰弱していき、やがて枯れてしまいます。

実生で増やす
他の株から受粉したり、自家受粉したティランジアは種子をつけることがあり、それを採って増やすことができます。花が咲き終わった後にできるシードポッドが破裂したら、ふわふわと綿毛のついた種子を採取し、すぐヘゴ板やネット、親株などに種をこすりつけます。水をかけると、種子は板や網にまとわりつきます。
乾燥させすぎないように頻繁に水やりをすると1〜2週間で発芽します。小株はややデリケートですが、極端な環境にさえ置かなければ、親株と同じ基本の管理で問題ありません。こうして種子から増やした苗は、株分けで増やした株と違って親株から栄養を分けてもらうことなく育つため、非常に成長が遅くなります。親株と同じ大きさになるまでに早くても4〜5年、遅いものだと十数年かかるものもあります。実生をしない場合は、シードポッドが出てきたら早めに取り去ると、その分の栄養が子株にまわり、子の成長を促進します。

破裂したシードポッド。

綿毛ごと流木や親株にこすりつける。

ティランジアの着生・鉢植え

ティランジアは主に葉から水や栄養を吸収しますが、やはり根からも吸収します。そのため、しっかり根を出させて着生させたり、鉢植えにするのが最適。それぞれの種類の性質に合った植え込みをしてあげることで、成長の早さはずいぶんと変わってきます。着生や鉢植えをする時期は1年中可能。中でも最適なのは4～9月です。

着生材に固定して吊るす … 主に銀葉種（水の好みが普通程度の種）

風通しを好むティランジアですが、そのまま置いておいたり吊るしておくより、やはり自生地と同じく何かに着生させたほうが調子が上がります。最も基本となるのは、インテリアバークやヘゴ板、コルクなどに付けるか、素焼鉢に植える方法です。大半のティランジアはこの方法を用います。また表面がザラザラとしていて、根を張りやすく、植物に害のない素材であれば、いろいろなものに着生させることができます。

－着生させる素材－

コルク＜流木・インテリアバーク・カクタススケルトン＜ヘゴの順に水を多く含むため、栽培環境やその種の性質によって着生材を試してみてください。また、インテリアバークを使う場合は、1週間程度水につけておくか煮沸するなどしてアクをぬいてから使ってください。

枯れた根を利用して株を着生させる方法

道具 針金、キリ、ペンチ、ホッチキス、着生材〈インテリアバーク〉

1 着生材にチランジアの枯れた根を通す穴と、針金のフックを取り付けるための穴をそれぞれあけます。

2 針金を通して、写真のように折り曲げてフックを作ります。

3 枯れた根をもう一つの穴に通し、株が板に付くように裏側からひっぱります。

4 ホッチキスをひろげ、枯れた根を裏側から3～4箇所留めます。

完成

How to

根がまだでていない株を着生させる方法

道具 針金、キリ、ペンチ、着生材〈コルク〉

1 着生材にティランジアを固定するための細い針金を通す穴を2つ、針金のフックを取り付けるために穴を1つそれぞれあけます。

2 針金を通して、写真のように折り曲げてフックを作ります。

3 ティランジアの根元にU字にした細い針金を引っ掛けます。針金は銅や鉄は避け、アルミなどの植物に害のないものを使ってください。

4 U字にした針金を着生材に通して、後ろでねじり、株を押さえます。この時、根が着生しやすいよう、株のつけ根が着生材に付くようにして押さえます。

完成

群生株を吊るす方法

ボール状に群生したティランジアは、そのまま細い針金でひっかけて、吊るしておくことができます。

流木に取り付ける方法

株を載せて座りの良い場所を探し、根元を細い針金で押さえます。

カクタススケルトンに取り付ける方法

カクタススケルトンには、穴がたくさんあいているため、そこに株の根元を差し込んでピッタリと動かないようにしておくと着生させることができます。

鉢植えして吊るす方法

インテリアバークなどに着生させづらい形のものは、素焼鉢に挿しておくと、鉢の内側に直接根を張ります。また、大きめの軽石やバークチップを入れてかるく押さえても良いでしょう。粒の大きさを変えて保水の度合いを調整できます。素焼鉢用のハンガーを作れば、素焼鉢ごと風通しの良い場所に吊っておくことができます。

―素焼鉢ハンガーの作り方―

これを作ると、素焼鉢ごと風通しの良い場所に吊るすことができます。

道具 植物の支柱などに使う太い皮膜針金、ペンチ、ケーブルカッター。

1 柄の長さを考えつつ、針金を折り曲げて三角形を作ります。この三角の高さは素焼鉢開口部の縁の出っ張り部分の幅より1cm程度長いサイズにしてください。

2 短いほうを一度写真のように巻きつけるようにして折り曲げます。

3 三角の中央に戻します。一度③の工程をしておくことで、鉢をはさむ力がかかります。

4 先端を10度程度折り曲げると、鉢をはさむ力がさらに増します。

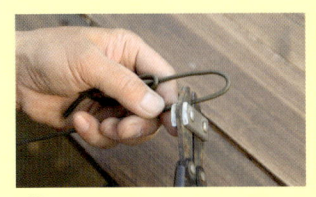

5 上側をフックのように折り曲げ、余分な針金をカットして完成です。

完成

鉢の縁にはめ込んで使います。

プラスチック鉢に植えこむ…
主に緑葉種（水が大好きな種）

水を好む種類は、細かいバークチップや軽石、固めに植えた水苔、水はけの良い観葉植物の土などで、乾きにくいプラスチック鉢に植えます。キアネアなどの水を好む緑葉種は根からも高い割合で水を吸収し、また、鉢から常に上がってくる湿度も喜びます。

タンクブロメリアの育て方

タンクブロメリアは、樹上や岩の上などに着生したり、一部地面に生える種もいます。葉のつけ根に水をたくわえるタンク構造になっており、主にそこから水や養分を吸収します。ティランジアに比べると根から水分や養分を吸う依存度が高いので、鉢に植えたほうがよく育ちます。丈夫で育てやすい種が多く、温度さえ管理してあげれば観葉植物的な管理でちゃんと育ってくれます。大きく分けると以下の２タイプがあります。

硬葉種
主にエクメア、ビルベルギア、ネオレゲリア、ホヘンベルギアなどの硬い葉のタンクブロメリア。日光がよく当たるところに生息しているため、強い光に耐性がある。

軟葉種
フリーセアの大半とティランジアの一部などの柔らかい葉のタンクブロメリア。日が弱く湿潤な場所に生息するため、強い光には弱い。

TANK BROMELIADS 【育て方のポイント】
◎ 硬葉種は強めの光
◎ 軟葉種はやわらかな光
◎ 筒に水をためる
◎ 置き場所は窓辺、ベランダ、庭など
◎ 冬は室内の窓辺にとりこむ

日照の管理

エクメア、ビルベルギア、ネオレゲリア、ホヘンベルギアなど、硬葉種は、強めの光を好みます。明るい日陰から直射日光に近い光まで大丈夫です。夏場の厳しすぎる直射日光の時のみ、30％程度遮光してあげれば、たいていは葉焼けすることもなくうまくいきます。逆にしっかりと日に当てないと間延びしてしまって美しい姿や色が保てません。葉の様子を観察しつつ、植物の環境にあった遮光率を見つけ出してください。

フリーセアなどの軟葉種は、硬葉種に比べると強光線への耐性がないため、ティランジアの緑葉種と同程度に、春から秋にかけて40〜50％の遮光をし、明るい日陰や木漏れ日程度の光で育てましょう。室内の場合は、窓辺から1〜2mくらいのなるべく明るい場所を探します。

水やりの方法

タンクブロメリアは筒の内部と根から水や養分を吸収します。水やりの際は必ず株の真上から水をかけ、常に筒の中に水を貯める様にします。根からも水や養分をとるので、しっかり株元にも水をあたえます。硬葉種・軟葉種ともに用土の表面が乾いたら、次の水やりの目安です。春から秋の成長期は1日おきか、毎日水やりをしても喜ぶほど。逆に半月ほど水やりを忘れても乾燥に耐える種も多く、さほど神経質にならずとも大丈夫です。

冬越し・夏越しの方法

「冬越し」の方法

冬越しの方法は、ほぼティランジアと同じです。最低気温が10度をきってくると、成長が遅くなります。温室で加温できるのが一番ですが、一般家庭ではなかなかそうもいかない場合も多いので、屋内へとりこみ光の差し込む窓辺で管理します。最近の家は密閉性も高く、真冬でも室内は最低15度以上ある場合が多いので、そうした環境の場合は、通常と同じように2日に1度くらい水やりをしても大丈夫です。水やりが終わったあとは、窓を開けたりサーキュレーターをまわしたりして、通風をはかってあげるとよいですが、ティランジアほどは気をつかう必要はありません。
室内が10度以下まで下がってしまう場合は、週に1度程度の水やりにします。5度以下まで温度が下がってしまう場合は、タンクの水をぬき、水やりを極力控え、株の乾き具合をみながら半月に1度程度の水やりにして乾かし気味に管理します。基本的に植物の体液は、水やりを控えると濃くなって寒さに強くなり、水やりを多くすると薄くなって寒さに弱くなります。気温が低くなるにつれ、水やりの量は控えめにしていってください。冬は無理に成長させようとせず、衰弱させないことに努めるのが一番です。また、冬場でも光は大切なので、どうしても日当たりのよい窓辺が確保できない場合は、植物用の蛍光灯やLEDなどの補助光を当ててあげると効果的です。

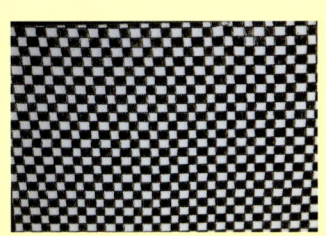

「夏越し」の方法

タンクブロメリアは一部をのぞき耐暑性が高いものが多いですが、日本の真夏の強い日差しを直接当ててしまうとやはり葉焼けしてしまいます。遮光ネットを使って硬葉種は20〜30%の遮光、軟葉種はティランジア同様50%で遮光してください。

手入れカレンダー

※水やりの頻度や遮光の度合いなどは、あくまで目安です。
それぞれの栽培環境によって株の状態を見ながら調整してください

〈硬葉種〉
- 春　水やり：週2~3回。　日照：無遮光。
- 夏　水やり：週2~3回。　日照：直射日光が当たる場所では20~30%程度の遮光。
- 秋　水やり：週2~3回。　日照：無遮光。
- 冬　水やり：週1回。　　日照：無遮光。

〈軟葉種〉
- 春　水やり：週2~3回。　日照：直射日光が当たる場所では40%程度の遮光。
- 夏　水やり：週2~3回。　日照：直射日光が当たる場所では50%程度の遮光。
- 秋　水やり：週2~3回。　日照：直射日光が当たる場所では40%程度の遮光。
- 冬　水やり：週1~2回。　日照：直射日光が当たる場所では0~30%程度の遮光。

日常の管理

肥料は株から離して置く。

肥料のやり方
株元に化成肥料を1~2粒程度おいてあげると早く大きくなりますが、引き締まった株を育てたい場合は特に肥料を使う必要はありません。

枯葉の手入れ
枯葉はそれほど気にしなくて大丈夫ですが、葉がぴったりと折り重なるような種は光合成を妨げるので、取ったほうがよいでしょう。つまんで動かして外れるようでしたら、取っても大丈夫です。

害虫への対策
ほとんど心配するような害虫などは付きませんが、ごくまれにカイガラムシが葉の表面に付着していることがあります。見つけたら歯ブラシで落としてください。また、オルトランの粒剤を耳かき一杯程度用土に蒔くといなくなります。

タンクブロメリアを増やす

株分けで増やす
タンクブロメリアは花が咲いたら子株を出します。中には、ある程度成長すると花を付けなくとも子株を出すものもあります。子株は、親の2/3くらいの大きさまで成長したら、切り分けて株分けすることができます。子株の根元に、発根しそうなポツポツが出てきていたら外し時です。ランナーで増えるものは、子株の株元から3~5cm程度ランナーを残してカットしましょう。親株の脇から子株を出すものは、株元からはずして別の鉢に植え込みます。寒い時期は根が動かないので、株分けは3~9月の間に行うようにします。具体的は方法は「タンクブロメリアの植え方」の項目を参照。

実生で増やす

タンクブロメリアも種子を採って増やすことができます。エクメアやネオレゲリアなど、果実をつけるタイプは、果肉を水できれいにこすり洗いして落として種子を取り出します。少しでも果肉が残っていると、発芽抑制物質が含まれているため、発芽しにくくなります。種子は水苔やバーミキュライトの上に置いて、常に濡れている状態になるように水やりをすると1〜2週間で発芽します。タンクブロメリアの実生は、ティランジアとは違い、1年でかなりの大きさまで成長します。フリーセアなど、ティランジアと同じく綿毛をつけるタイプの種子は「ティランジアの実生」の項目を参照してください。

タンクブロメリアの植え方

着生種のタンクブロメリアも用土に植えつけて管理したほうが基本的にはよく育ちます。水苔や観葉植物の用土など、水はけと水持ちの良いものであれば、特に用土を選びません。植え替え時期は3〜9月。中でも最適なのは4〜6月です。

水苔植えでも良い。

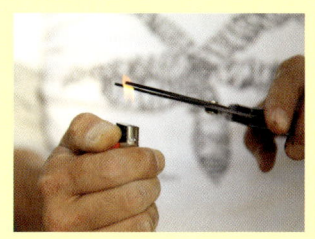

道具 ハサミで株をカットする際は、ハサミをライターなどで炙ってしっかり殺菌します。

1 鉢からぬき、親株と子株と繋ぐ部分にハサミを入れてカットします。

ポイント 根元に"ハカマ"と呼ばれる枯葉がある場合はこれを剥がします。こうすることで発根しやすくなります。

2 株が鉢の中央になるように配置して、用土を入れる。

3 鉢をトントンと軽く机に当てて、用土を落ち着かせて植え込み完了。株がぐらつく場合は支柱等で支えます。

完成

How to

引き締まった
草姿の姿に育てる

葉焼けしないギリギリの光と風を探す

タンクブロメリアの中でも、硬葉種の多くはしっかり日光と強い風に当ててないとダラダラとだらしなく育ってしまい、その種本来の引き締まった美しいスタイルや模様になりません。葉焼けしないギリギリのところまで直射日光を当てて育てることで、魅力的な姿を作り上げることができるのです。

ただし、強光に強い硬葉種でも、真夏の強すぎる直射日光下では、葉焼けをおこすことがありますので、少し遮光します。この方法は葉焼けと本当に紙一重。いろいろ置き場所を替えたり、水やりの頻度を変えたりして、自分の栽培環境にあわせた理想の"鍛錬法"を試行錯誤してみてください。また、中には単純に強い光に当てれば良いわけではない種もあったりします。そうした種に最も適した光量を見つけ出すのも栽培の楽しみの一つです。

水はけの良い用土を使う

水はけの良い用土を使うと引き締まった株を作るのにより効果的です。一番簡単でオススメなのが、中粒のバークチップと軽石、赤玉をそれぞれ1:1:1で配合した水はけの良い用土。ただし、水はけの良い分、マメに株を観察しながら水やりをしないと、乾燥しすぎることもあるので注意が必要です。

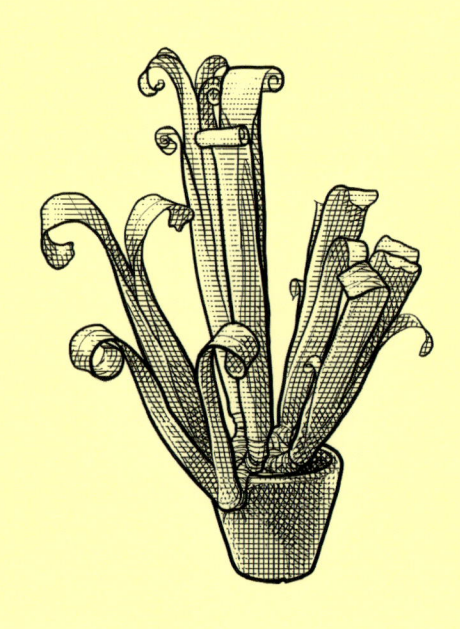

グラウンドブロメリアの育て方

グラウンドブロメリアとは、地面に根をおろし、通常の植物同様、根からしっかりと水分を吸収するブロメリアです。強い日差しが降り注ぎ、乾燥して岩がごろごろする土漠に生息する種と、あまり強い直射日光の当たらない森林に生息する種の2タイプに大きく分かれます。

乾燥地種
ディッキア、ヘクチア、エンコリリウム、デウテロコニア、ブヤなど。乾燥地に育ち、強光に耐え、その多くが葉を厚くするなど、多肉植物的な性質を持っています。

森林種
クリプタンサス、オルソフィツム、ピトカイルニアなど。森林の樹の下の地面に生息していて、強光は苦手。こちらは総じて観葉植物的な性格を持ちます。

GROUND BROMELIADS【育て方のポイント】

◎ 乾燥地種は強めの光
◎ 森林種はやわらかな光
◎ 水は鉢底から水がでるまでたっぷりと
◎ 置き場所は窓辺、ベランダ、庭など
◎ 冬は室内の窓辺にとりこむ

日照の管理

乾燥地種はブロメリアの中で日光を最も好むので、夏以外は直射日光を当てて育てましょう。夏の直射日光は強すぎるので夏場は葉焼けしないよう20〜30%程度の遮光をしてください。ほとんど多肉植物と同じような育て方で大丈夫です。室内で育てなくてはいけない場合は、窓辺から1〜2mくらいに置いてください。

森林種は強い直射日光に当たると葉焼けをしてしまうため、明るい日陰で管理してください。直射日光の当たるような場所は30〜40％程度遮

光しましょう。特に夏の強い日差しが当たる際は、50％程度遮光します。ただし、中にはクリプタンサス・ワラシーや、オルソフィツム・レメイのように、森林種として知られる属の中でも、乾燥地に進出した特別な種がいるので、こうした種類は乾燥地種として管理しましょう。室内で育てなくてはいけない場合は、窓辺から1〜2mくらいに置いてください。

水やりの方法

冬以外は用土の表面が乾いたら鉢底から水が流れ出すくらいまでたっぷりと水やりしてください。乾燥地種は週に1〜2回が目安です。森林種は週に2〜3回が目安です。

冬越し・夏越しの方法

「冬越し」の方法

乾燥地種は、寒さに強いものが多いですが、5度以下になったら光の差し込む室内の窓辺に取り込んだほうが無難です。水やりは控えめにして、月に1〜2回程度で良いでしょう。さらに寒くなるような場合は、完全に断水すれば多くの種は0度近くまで耐えます。

冬でも光は大切なので、日当たりのよい窓辺が確保できない場合は、植物用の蛍光灯やLEDなどの補助光を当ててあげると効果的です。森林種は、乾燥地種よりプラス5度温度が必要だと考えてください。

「夏越し」の方法

乾燥地種は一部の種をのぞいては、夏越しも特に難しくありません。真夏のみ20〜30%程度の遮光をすれば、春から秋まで同じ管理で大丈夫です。森林種は日本の夏の強い日差しを直接当ててしまうと葉焼けしてしまいます。真夏は50%程度遮光しましょう。

手入れカレンダー

※水やりの頻度や遮光の度合いなどは、あくまで目安です。それぞれの栽培環境によって株の状態を見ながら調整してください

〈乾燥地種〉
- 春　水やり：週1〜2回。　日照：無遮光。
- 夏　水やり：週1〜2回。　日照：直射日光が当たる場所では20〜30%程度の遮光。
- 秋　水やり：週1〜2回。　日照：無遮光。
- 冬　水やり：月1回。　日照：無遮光。

〈森林種〉
- 春　水やり：週2〜3回。　日照：直射日光が当たる場所では40%程度の遮光。
- 夏　水やり：週2〜3回。　日照：直射日光が当たる場所では50%程度の遮光。
- 秋　水やり：週2〜3回。　日照：直射日光が当たる場所では40%程度の遮光。
- 冬　水やり：月2回。　日照：直射日光が当たる場所では0〜30%程度の遮光。

日常の管理

枯葉の手入れ

枯れ葉は手で取れるものは取るようにします。取れないものはハサミでカットするか、植え替えのタイミングにペンチなどでつかみ、むしりとってください。

肥料のあげ方

植え替えの際、鉢底にマグァンプK等の緩効性肥料を入れるか、株元に化成肥料を1~2粒程度おいてあげると早く大きくなります。
引き締まった株を育てたい場合は特に肥料を使う必要はありません。

害虫への対策

ほとんど心配するような害虫などは付きません。ごくまれにカイガラムシが葉の表面に付着していることがあります。見つけたら歯ブラシで落としてください。ネジラミなどが根につくこともありますが、耳かき一杯程度のオルトラン粒剤を用土に蒔くといなくなります。

グラウンドブロメリアを増やす

株分けで増やす

根をしっかりと用土に下ろしているグラウンドブロメリアは、主に植え替えの際に子株を外します。具体的な方法は「グラウンドブロメリアの植え方」の項目を参照してください。

実生で増やす

水苔やバーミキュライトの上に種子を置いて、常に濡れている状態にしておいてください。乾燥させないように頻繁に水やりをすると1～2週間で発芽します。グラウンドブロメリアの実生は、ティランジアとは違い、1年でかなりの大きさまで成長します。

グラウンドブロメリアの植え方

乾燥地種は多肉植物用土と赤玉の小粒を1:1で配合した用土、森林種は観葉植物用土と赤玉の小粒を1:1で配合した土などで良く育ちます。森林種はある程度保水性のある用土を好むので、水苔に植えても良いです。植え替え時期は3〜9月。中でも最適なのは4〜6月です。

乾燥地種用の用土。

① 鉢から外して、根をほぐしながら、用土を落とす。

② 子株の根元を掴んで、親株からめくりとるようにして外す。

③ 根元に付いている"ハカマ"と呼ばれる部分の枯葉を剥がす。こうすることで発根しやすくなる。

④ 鉢底石を入れた鉢に用土を入れて植えこむ。

ポイント
植えた後、割り箸などで数回用土をさしてやると、根の間に用土が入り込みます。鉢のサイズは少し大きめにして保水を良くします。

完成 1鉢が3鉢に！

BROMELIADS FAQ
ブロメリア FAQ
よくある質問と
その解決法

Q ティランジアを買う際に、よい株を選ぶコツはありますか？

A 葉が丸まっていたり、持ってみて軽いのは、乾きすぎているため避けたほうがいいでしょう。ずっしりと重い株を選んでください。根が出てきている株も調子が良い証拠です。また、株元を軽く押してみて、プニュプニュと柔らかいものは避けてください。芯が腐っている可能性があります。

Q 外葉がドンドン枯れてしまうのですが、なぜでしょうか？

A 健康な株でも、少しずつ外葉の葉先から枯れていきます。ティランジアの場合、長い間水が不足すると外葉から枯れ込みます。タンクブロメリアや、グラウンドブロメリアの場合は、暑がったり寒がったり、水やりが足りない又は多すぎる、など環境が合っていない可能性があります。

Q ティランジアの葉先がすぐに傷んでしまうのですが、なぜでしょうか？

A 主な原因は湿度不足です。ティランジアは80％くらいの湿度を好みます。他の鉢植えや水苔をそばに置いたり、水を張ったバットの上に網を敷いて置くなどすると良いでしょう。加湿器なども効果的です。葉先の枯れている部分だけカットしてあげると目立たなくなります。

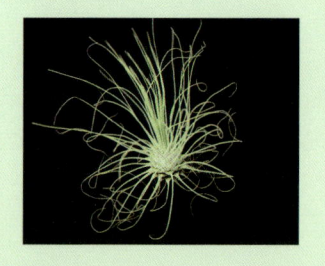

Q ティランジアの根が長く伸びてきてしまったのですが、切ってしまってもいいですか？

A 根が出るのは調子の良い証拠です。着生させると丈夫になるので、バークやコルクなどに着生させてください。

Q ティランジアの葉先が赤く染まってきているのなぜですか？

A イオナンタやブラキカウロスなど、株が赤く染まるのは、多くは開花の予兆です。または強い日に当たると赤くなる種もあります。

Q ティランジアが突然バラバラになってしまいました。なぜでしょうか？

A 無風の日陰で水やりすると、芯が抜けて、バラバラになってしまいます。芯が抜けてしまうと、もうリカバリーする方法は残念ながらありません。ティランジアで失敗する一番多いパターンです。室内管理になることが多いので、育て方のページを参照して、「適度な風」、「やわらかな光」、「十分な水」をうまく確保して育ててください。

Q ティランジアの花を早く咲かせるにはどうしたらいいですか?

A 早く花を咲かせたい場合は、少しづつ明るい場所へ移してあげましょう。逆に、花をさかせずに株を大きく育てたい場合は、少しづつ暗い所へ移します。

Q 葉焼けしてしまったり、徒長してしまった葉は、何かリカバリー方法ありますか?

A 残念ながら戻りません。葉焼けは日が強すぎるため、徒長は逆に日が弱すぎるために起こるので、ちょうど良い明るさの場所へ移動させてください。そうすると次第にまた中央から新しい葉が出てきます。古い葉はだんだんと外側になっていきやがて枯れるので、枯れたら外してください。こうして新しい葉を出させて、時間をかけて美しい姿へとリカバリーしていきましょう。

Q 鉢植えしたブロメリアは定期的に植え替えしたほうがいいですか?

A ずっと同じ用土のままだとよくありません。小さい鉢は年に１度、大きいものは２～３年に１度植え替えてください。

Q 本来その種が持つ模様や色がなかなか出て来ません。どうしたらいいですか?

A 基本的にはできるだけ明るい光にあててあげることで、本来の色や模様が出てくるようになります。しかし、どんな種もそうなるかというと、一概に言えないところが難しいところであり、おもしろいところでもあります。冬などの寒暖の差が激しい時によく発色する種もあります。

Q タンクブロメリアの葉が縮こまるようにして丸まってきてしまうのはなぜですか?

A 植え替え直後の根がまだしっかり出ていない時によくおこります。根からしっかり水が吸えていない状態なので、水やりを少し多めにして、常に葉の間に水が溜まっているようにしてください。水が好きな種の水やり不足の際にも起こります。

How to

ブロメリアの巨人たち
BROMELIADS LEGENDS

MULFORD B.FOSTER (1888~1978)
マルフォード・フォスター

写真家、画家、彫刻家、自然科学者など多彩な顔を持ち、ブロメリア界の父と呼ばれる存在。200種以上の新種を発見し、初代国際ブロメリア協会会長であった。ラシナエア属の命名の由来は、彼の妻であるラシン夫人の名前に由来する。

LYMAN B.SMITH (1904-1997)
リーマン・スミス

ブロメリア界の最高権威であったスミソニアン研究所の分類学者。圧倒的な数の新種ブロメリアを記載した。22歳からブロメリアの研究を始め、1997年にこの世を去るまでに300冊以上の書籍を執筆。特に「Flora Neotropica」はバイブルとなっている。

DON BEADLE (1930-)
ドン・ビードル

"ミスター・ビルベルギア"と呼ばれたフロリダの育種家。それまであまり目を向けられることがなかったビルベルギアをスターダムにのし上げた立役者で、美しい交配種を次々と生み出した。膨大な数の交配種データをまとめた「Bromeliad Cultivar Registry」も、栽培家の欠かせない資料となっている。

HARRY LUTHER (1952-2012)
ハリー・ルーサー

新種の同定などを行うマリーセルビー植物園のブロメリア同定センター前所長。スミス博士の仕事を引き継ぎ、新種を多数記載。ブロメリアの正式学名を記載した「An Alphabetical List of Bromeliad Binomials」は、研究者やコレクターのバイブル。2012年、60歳と言う年齢で急逝し、ブロメリア界は大きな衝撃と悲しみに包まれた。

ブロメリアの歴史の中で輝かしい成果をあげた巨人たちの中から
藤川史雄が特に影響を受けたキーマン8人を紹介。

ELTON LEME (1960-)
エルトン・レメ

弁護士の資格を持ち、判事も務める、ブラジル人研究家。数々の新種を記載しており、今、ブロメリア界で最も注目を集める研究者の一人。

WERNER RAUH (1913-2000)
ウエルナー・ラウー

ドイツのハイデルベルグ大学の教授で、南米のブロメリアやマダガスカルの多肉植物のスペシャリストであった。特にティランジアは膨大な数の新種を記載している。

EIZI MATUDA (1894-1978)
松田英二

日本と台湾で植物学を学び、メキシコ・チアパス州に渡り、農場経営のかたわらメキシコの植物研究に没頭。多数の新種を発見、記載した。ブロメリアでは、ティランジア・マツダエ、ティランジア・エイジーなどの発見者として知られる。日本人ブロメリア研究者のパイオニア的存在。

HIROYUKI TAKIZAWA (1964-)
滝沢弘之

ブラジル、メキシコ、エクアドル、ヴェネズエラなど、各地の自生地調査を行う日本ブロメリア協会会長であり医師・医学博士。アジア人として初めて国際ブロメリア協会の理事も務めた。マルセロイ、タキザワエの発見やブルボーサ、フレクスオーサ、プセウドベイレイの白花3種を記載するなど、日本のブロメリア研究を牽引する。

Column

BOOKS GUIDE
ブロメリアの名著たち

ブロメリアのことをさらに深く知るために、読んでおきたい名著たち

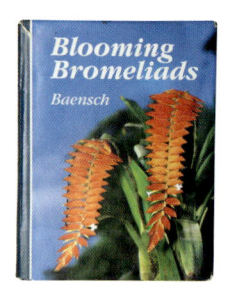

Blooming Bromeliads
Baensch

熱帯魚の餌や飼育器具メーカーとして有名なテトラベルケの創設者であるベンチ夫妻によるブロメリア属全体を豊富な開花写真で紹介した解説書。彼らの膨大なコレクションだけでなく、ブロメリアの歴史や栽培法などがわかりやすい英語で紹介されている。絶版。

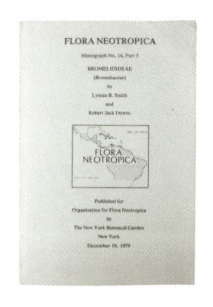

FLORA NEOTROPICA
L.B.Smith, Downs.R.J.

熱帯植物の分類について書かれた本のシリーズ。No.14がブロメリア科で、Part.1がピトカイルニア亜科、Part.2がティランジア亜科、Part.3がブロメリア亜科と3冊の構成となっている。ニューヨーク植物園から現在も入手可能。

BROMELIADS for Home, Garden and Greenhouse
Werner Rauh

なかなか見ることのできない、希少種まで幅広く掲載された本。560ページにおよぶ膨大なページ数の中で、種ごとの栽培ほうが細かく、簡潔に解説されている。'91年版は「Blomeliad Lexicon」というタイトルだが内容は同じ。絶版。

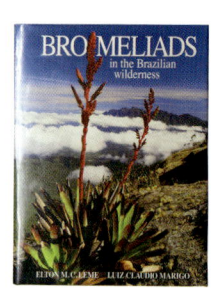

BROMELIADS in the Brazilian wilderness
Elton M.C.Leme, Luiz Claudio Marigo

ブロメリアの宝庫であるブラジルの様々な自生地の様子がわかる写真集的な本。種ごとの解説でなく、地域や環境ごとに解説される。自生地の写真には、最適な育て方を模索するための様々なヒントが隠されている。レメ氏本人が発見、記載した植物の情報も多数掲載。絶版。

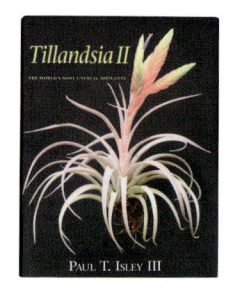

Tillandsia II
Paul T.Isley III

数多くの美しいティランジアの開花写真と、詳細な解説が収録された図鑑。1987年に発行されたティランジア本の決定版「Tillandsia」を、2010年、約20年ぶりに増補・改訂したのがこの本。ティランジア好きなら必ず手に入れたい一冊。

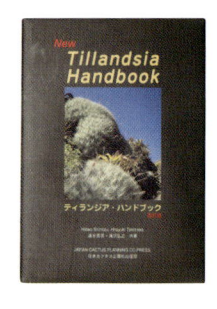

New Tillandsia Handbook
清水秀男 滝沢弘之

日本初のティランジア専門書。日本では限られた種しか見ることの出来なかった時代に、圧倒的な種数の写真を紹介し、愛好家たちに多大な影響を与えた伝説的名著である「Tillandsia Handbook」。改訂版の「New Tillandsia Handbook」共に残念ながら絶版。

SPOTS GUIDE
ブロメリアを楽しむスポットガイド

植物園でブロメリアを楽しむ
熱川バナナワニ園

静岡県賀茂郡東伊豆町奈良本1253-10 TEL 0557-23-1105

日本一のブロメリア科コレクションを持つ植物園

約9000種の熱帯植物が栽培されている日本屈指の熱帯植物園。ブロメリア専用温室である本園4号温室と、分園1号温室にあるティランジアコーナーを中心に、約800種の日本最大のブロメリアコレクションが見学できる。それもそのはず、バナナワニ園の熱帯植物を担当するのは、あの名著「ティランジア・ハンドブック」の著者である清水秀男氏。日本ブロメリア協会（www.bromeliads.jp）の事務局ともなっており、日本におけるブロメリア研究の最前線といえる。写真左／自生地さながらにブロメリアが樹上に着生する本園4号温室。写真右上／長く伸び続けるイオナンタ・ロングステムフォーム。写真右下／白さが際立つエーレルシアナ。

欲しいブロメリアを手に入れる

SPECIES NURSERY / スピーシーズ ナーサリー

著者・藤川史雄のナーサリー。ティランジアをはじめとしてブロメリア、多肉植物や希少植物を取り扱う。販売は主にウェブサイトや電話注文にて。イベント等に出店する「藤川商店」も人気。
営 10:00-19:00 ☎ 090-7728-5979 speciesnursery.com

TILLANDSIA GARDEN / ティランジア ガーデン

日本で初めてのティランジアをメインにしたブロメリアの専門店。珍しい希少種に出会えるだけでなく、普及種も一風変わった特徴を持つ個体を厳選して販売するこだわりの店。東京都台東区浅草橋4-7-5
営 12:00-19:30 不定休 ✉ tillandsia_garden@yahoo.co.jp

その他のブロメリア取り扱い店

オザキフラワーパーク
東京都練馬区石神井台4-6-32
営 9:00-20:00(冬期-19:00) 休 元旦
☎ 03-3929-0544
www.ozaki-flowerpark.co.jp

サカタのタネ ガーデンセンター横浜
神奈川県横浜市神奈川区桐畑2
営 10:00-18:30 無休 ☎ 045-321-3744
www.sakataseed.co.jp

プロトリーフ ガーデンアイランド玉川店
東京都世田谷区瀬田2-32-14
玉川高島屋SCガーデンアイランド1F・2F
営 10:00-20:00 無休 ☎ 03-5716-8787
www.protoleaf.com/home/gardenisland

Index

索引

Aechmea 'Bert' F2	バート F2	053
Aechmea caudata 'Blotches'	カウダータ・ブロッチズ	054
Aechmea correia-araujoi (Dark form)	コレイアアラウジョイ・ダークフォーム	055
Aechmea lueddemanniana 'Mend'	ルエデマニアーナ・メンド	055
Aechmea nudicaulis	ヌディカウリス	057
Aechmea nudicaulis 'Blackie'	ヌディカウリス・ブラッキー	057
Aechmea nudicaulis 'Rafa'	ヌディカウリス・ラファ	056
Aechmea nudicaulis 'Rubra'	ヌディカウリス・ルブラ	057
Aechmea orlandiana 'Ensign'	オーランディアナ・エンサイン	058
Aechmea orlandiana (Pink form)	オーランディアナ・ピンクフォーム	058
Aechmea orlandiana 'Rainbow'	オーランディアナ・レインボー	058
Aechmea purpureorosea	プルプレオロゼア	059
Aechmea racinae	ラシナエ	059
Aechmea recurvata 'Artichoke'	レクルヴァータ・アーティチョーク	060
Aechmea recurvata (Red form)	レクルヴァータ・レッドフォーム	060
Aechmea victoriana	ヴィクトリアナ	059
Billbergia 'Beadleman' (Beadle#1596)	ビードルマン	061
Billbergia 'Cold Fusion'	コールドフュージョン	062
Billbergia 'DarthVader'	ダースベイダー	062
Billbergia 'De Nada' (Beadle#250)	デナダ	062
Billbergia 'Groovy' (Beadle#1590)	グルーヴィー	063
Billbergia 'Hallelujah' (Beadle#1260)	ハレルヤ	063
Billbergia 'Ivory Tower'	アイボリータワー	063
Billbergia 'Janet Willson'	ジャネットウイルソン	063
Billbergia kautskyana	カウツキアナ	064
Billbergia 'La Bamba'	ラバンバ	064
Billbergia nana	ナナ	064
Billbergia nutans 'Mini'	ヌタンス・ミニ	064
Billbergia 'Rosa' (Beadle#246)	ロサ	065
Billbergia sanderiana	サンデリアナ	065
Billbergia stenopetala	ステノペタラ	065
Billbergia 'Strawberry'	ストロベリー	065
Billbergia 'Titan'	タイタン	066
Billbergia vittata 'Dommingos Martins'	ヴィッタータ・ドミンゴスマルチンス	067
Billbergia 'White Cloud'	ホワイト クラウド	066
Brocchinia reducta	レダクタ	067
Canistrum fosterianum	フォステリアナム	068
Canistrum triangulare (Dark clone)	トリアングラレ・ダーククローン	069
Canistrum triangulare (Spiny form)	トリアングラレ・スパイニーフォーム	069
Catopsis sessiliflora	セシリフローラ	070
Catopsis subulata	スブラータ	070
Cryptanthus 'Absolute Zero'	アブソリュートゼロ	088
Cryptanthus argyrophyllus	アルギロフィルス	089
Cryptanthus fernseeoides	フェルンセオイデス	089
Cryptanthus lacerdae	ラセルダエ	089
Cryptanthus lacerdae 'Menescal'	ラセルダエ・メネスカル	089
Cryptanthus latifolius 'Formati' (Selby 1987-240A)	ラティフォリウス・フォルマティ	090
Cryptanthus leuzingerae (Selby 1999-0162A)	レウジンゲラエ	090
Cryptanthus microglazioui	ミクログラジオウィ	090
Cryptanthus warasii	ワラシー	090
Deuterocohnia brevifolia ssp. chlorantha	ブレヴィフォリア・クロランサ	091
Dyckia 'Brittle Star' F2	ブリットルスター F2	091
Dyckia goehringii	ゴエリンギー	092
Dyckia hebdingii	ヘブディンギー	092
Dyckia marnier-lapostollei	マルニエルラポストレイ	092
Dyckia sp.(JN1908 Rio Grande do sul)	sp. リオグランデ	092
Encholirium heloisae	エロイサエ	093
Encholirium sp.	sp.	093
Encholirium sp. (Consello.Brazil)	sp. コンセロ ブラジル	093
Encholirium sp.(Vaw)	sp. ヴァウ	093
Hechtia sp.(Mexico)	sp. メキシコ	094
Hechtia glomerata	グロメラータ	094
Hechtia lyman-smithii	リーマン スミシー	094
Hechtia sp.Nova (Oaxaca)	sp. ノヴァ オアハカ	094
Hohenbergia catingae 'Dark Purple'	カティンガエ・ダークパープル	071
Hohenbergia catingae var.elongata	カティンガエ・エロンガータ	071
Hohenbergia correia-araujoi	コレイアアラウジョイ	071
Hohenbergia edmundoi(Clono type Leme)	エドムンドイ	072
Hohenbergia humilis	フミリス	072
Hohenbergia lemei	レメイ	072
Hohenbergia leopoldo-horstii (Chapada Diamantina)	レオポルドホルスティー・チャパダディアマンティナ	072
Hohenbergia leopoldo-horstii (Dan clone)	レオポルドホルスティー・ダンクローン	073
Hohenbergia leopoldo-horstii (Red form)	レオポルドホルスティー・レッドフォーム	074
Hohenbergia pennae 'Select'	ペンナエ・セレクト	074
Hohenbergia ramageana	ラマゲアナ	074
Hohenbergia sp.	sp.	076
Hohenbergia sp. (Sandra's Mountain)	sp.サンドラズマウンテン	075
Hohenbergia undulatifolia	ウンデュラティフォリア	074
Hohenbergia vestita (Darkest clone)	ヴェスティタ・ダークエストクローン	076
Neoregelia ampullacea 'Minuta'	アンプラセア・ミヌタ	077
Neoregelia ampullacea 'Tigrina'	アンプラセア・ティグリナ	077
Neoregelia bahiana	バヒアナ	078
Neoregelia chlorosticta (Best Clone)	クロロスティクタ・ベストクローン	078
Neoregelia hoehneana	ホエネアナ	078
Neoregelia kautskyi	カウツキー	079
Neoregelia kerryi	ケリー	080
Neoregelia laevis	ラエヴィス	080
Neoregelia marmorata	マルモラータ	080
Neoregelia pauciflora	パウシフローラ	081
Neoregelia pauciflora (Large form)	パウシフローラ・ラージフォーム	081
Neoregelia punctatissima 'Joao Marcio'	プンクタティッシマ ジョアオ マルシオ	081
Neoregelia roethii(Leme#1859)	ロエシー	081
Orthophytum aff.lemei	aff. レメイ	096
Orthophytum alvimii	アルヴィミー	095
Orthophytum gurkenii	グルケニー	095
Orthophytum gurkenii 'Warren Loose'	グルケニー・ウォーレンルース	095
Orthophytum magalhaesii	マガラエシー	095
Pitcairnia macrochlamys	マクロクラミス	097
Pitcairnia macrochlamys 'Alba'	マクロクラミス・アルバ	097
Pitcairnia sp. (Ecuador)	sp. エクアドル	097
Pitcairnia tabuliformis	タブリフォルミス	097
Portea nana (Leme #3028)	ナナ	082
Puya coerulea	コエルレア	098
Queshelia arvensis 'Rubra'	アルヴェンシス・ルブラ	083
Queshelia edmundoi var.rubrobracteata	エドムンドイ・ルブロブラクテアータ	082
Queshelia liboniana	リボニアナ	083
Queshelia marmorata	マルモラータ	083
Queshelia marmorata 'Tim Plowman'	マルモラータ・ティム プローマン	084
Racinaea contorta	コントルタ	085
Tillandsia aeranthos	アエラントス	010
Tillandsia aeranthos 'Mini Purple'	アエラントス ミニパープル	009
Tillandsia aeranthos var.alba	アエラントス・アルバ	010
Tillandsia aeranthos 'Marginata'	アエラントス・マージナータ	011
Tillandsia aizoides	アイゾイデス	010
Tillandsia albertiana	アルベルティアナ	011
Tillandsia andicola	アンディコラ	010
Tillandsia araujei	アラウジェイ	011
Tillandsia arequitae	アレキタエ	012
Tillandsia argentina	アルゼンティナ	011
Tillandsia atroviridipetala	アトロヴィリディペタラ	012
Tillandsia atroviridipetala var. longepedunculata	アトロヴィリディペタラ・ロンゲドゥンクラータ	012
Tillandsia bandensis	バンデンシス	012
Tillandsia barfussii	バルフシー	015
Tillandsia bergeri 'Major'	ベルゲリ・マジール	013
Tillandsia bermejoensis	ベルメオエンシス	014
Tillandsia biflora	ビフローラ	015
Tillandsia brachycaulos 'Selecta'	ブラキカウロス・セレクタ	014
Tillandsia brenneri	ブレネリ	014
Tillandsia bulbosa	ブルボサ	016
Tillandsia bulbosa forma alba	ブルボサ・アルバ	016
Tillandsia bulbosa 'Red Bull'	ブルボサ・レッドブル	016
Tillandsia butzii	ブッツィー	015

Tillandsia cacticola	カクティコラ	017		*Tillandsia queroensis*	ケロエンシス	038
Tillandsia caerulea	カエルレア	023		*Tillandsia recurvifolia* var. *subsecundifolia*	レクルヴィフォリア・サブセクンディフォリア	039
Tillandsia caliginosa	カリギノーサ	017		*Tillandsia scaposa*	スカポーサ	040
Tillandsia canescens	カネッセンス	023		*Tillandsia schiedeana* 'Minor'	シーディアナ・ミノール	040
Tillandsia capillaris (Large form)	カピラリス・ラージフォーム	018		*Tillandsia seideliana*	セイデリアナ	040
Tillandsia capillaris 'Janai'	カピラリス・ジャナイ	018		*Tillandsia sereliana* 'Mini Purple'	セレリアナ・ミニパープル	041
Tillandsia capillaris (Succulents form)	カピラリス・サキュレントフォーム	018		*Tillandsia spiralipetala* HR4167	スピラリペタラ	041
Tillandsia capitata 'domingensis'	カピタータ・ドミンゲンシス	019		*Tillandsia sprengeliana*	スプレンゲリアナ	041
Tillandsia capitata 'Yellow'	カピタータ・イエロー	019		*Tillandsia stellifera* HR4218	ステリフェラ	042
Tillandsia caput-medusae	カプトメドゥーサエ	020		*Tillandsia straminea*	ストラミネア	042
Tillandsia carminea	カルミネア	020		*Tillandsia streptocarpa*	ストレプトカルパ	042
Tillandsia caulescens	カウレッセンス	020		*Tillandsia streptophylla*	ストレプトフィラ	043
Tillandsia cf. *capillaris* HR5174	cf. カピラリス	019		*Tillandsia stricta*	ストリクタ	044
Tillandsia chapeuensis var. *turriformis*	チャペウエンシス・チュリフォルミス	021		*Tillandsia stricta* (Hard leaf)	ストリクタ・ハードリーフ	044
Tillandsia circinnatoides	シルシナトイデス	022		*Tillandsia stricta* 'Semialba'	ストリクタ・セミアルバ	045
Tillandsia cocoensis	ココエンシス	022		*Tillandsia stricta* var. *albifolia* 'Costanzo'	ストリクタ・アルビフォリア・コスタンゾ	044
Tillandsia comarapaensis	コマラパエンシス	023		*Tillandsia sucrei*	スークレイ	045
Tillandsia concolor (Large form)	コンコロール・ラージフォーム	023		*Tillandsia tectorum* forma *gigantea*	テクトルム・ギガンテア	045
Tillandsia 'Cotton Candy'	コットンキャンディ	022		*Tillandsia tetorum* (Small form)	テクトルム・スモールフォーム	045
Tillandsia crocata	クロカータ	024		*Tillandsia tenebra*	テネブラ	046
Tillandsia 'Copper Penny'	カッパーペニー	023		*Tillandsia tenuifolia* 'Blue Flower'	テヌイフォリア・ブルーフラワー	046
Tillandsia cyanea	キアネア	024		*Tillandsia tenuifolia* 'Cabo Frio'	テヌイフォリア・カボフリオ	046
Tillandsia didisticha	ディディスティカ	024		*Tillandsia tenuifolia* var. *strobiliformis* (Purple form)	テヌイフォリア・ストロビリフォルミス・パープルフォーム	046
Tillandsia disticha	ディスティカ	024		*Tillandsia tomekii* HR23155	トメキー	046
Tillandsia dorotheae	ドロテアエ	024		*Tillandsia toropiensis*	トロピエンシス	047
Tillandsia duratii var. *saxatilis*	ドゥラティー・サクサティリス	024		*Tillandsia tricholepis*	トリコレピス	047
Tillandsia 'Eric Knobloch'	エリック ノブロック	025		*Tillandsia* 'Ty'	タイ	047
Tillandsia foliosa	フォリオーサ	025		*Tillandsia usneoides*	ウスネオイデス	048
Tillandsia fresniloensis	フレスニロエンシス	026		*Tillandsia utriculata* ssp. *pringlei*	ウトリクラータ・プリングレイ	050
Tillandsia fuchsii forma *gracilis*	フクシー・グラシリス	025		*Tillandsia velickiana*	ヴェリッキアーナ	050
Tillandsia funckiana	フンクアナ	025		*Tillandsia virescens* HR7343	ヴィレッセンス	050
Tillandsia funebris (Darkbrown flower)	フネブリス	025		*Tillandsia* 'White Star'	ホワイトスター	050
Tillandsia funebris (Oldgold flower)	フネブリス	026		*Tillandsia xerographica*	キセログラフィカ	051
Tillandsia gardneri var. *rupicola*	ガルドネリ・ルピコラ	026		*Tillandsia xiphioides* (Fuzzy form)	クシフィオイデス・ファジーフォーム	051
Tillandsia geminiflora var. *incana*	ゲミニフローラ・インカナ	027		*Tillandsia xiphioides* var. *tafiensis*	クシフィオイデス・タフィエンシス	051
Tillandsia gerdae	ゲルダエ	027		*Ursulaea tuitensis*	ツイテンシス	099
Tillandsia gilliesii HR7247	ギリシー	028		*Vriesea ospinae*	オスピナエ	086
Tillandsia glabrior (Yellow flower form)	グラブリオール・イエローフラワーフォーム	027		*Vriesea racinae*	ラシナエ	086
Tillandsia graomogolensis	グラオモゴレンシス	027		*Vriesea* sp. (Brazil)	sp. ブラジル	086
Tillandsia harrisii	ハリシー	028				
Tillandsia heubergeri	ヘウベルゲリ	029				
Tillandsia hildae	ヒルダエ	028				
Tillandsia hirta HR5049	ヒルタ	029				
Tillandsia ignesiae	イグネシアエ	029				
Tillandsia ionantha 'Albino'	イオナンタ・アルビノ	030				
Tillandsia ionantha 'Albomarginata'	イオナンタ・アルボマージナータ	030				
Tillandsia ionantha 'Druid'	イオナンタ・ドゥルイド	031				
Tillandsia ionantha 'Fuego'	イオナンタ・フエゴ	032				
Tillandsia ionantha 'Gigante'	イオナンタ・ヒガンテ	031				
Tillandsia ionantha (Mexican form)	イオナンタ・メキシコ	032				
Tillandsia ionantha 'Peach'	イオナンタ・ピーチ	033				
Tillandsia ionantha 'Rubra'	イオナンタ・ルブラ	033				
Tillandsia ionantha 'Tall Velvet'	イオナンタ・トール ヴェルヴェット	031				
Tillandsia ionantha var. *maxima*	イオナンタ・マキシマ	030				
Tillandsia ionantha var. *stricta* foma. *fastigiata*	イオナンタ・ストリクタ・ファスティギアータ	032				
Tillandsia ionantha var. *stricta* 'Rosita'	イオナンタ・ストリクタ・ロシータ	031				
Tillandsia ionantha var. *van-hyningii*	イオナンタ・ヴァンハイニンギー	033				
Tillandsia ionantha 'Variegata'	イオナンタ・ヴァリエガータ	033				
Tillandsia ixoides ssp. *viridiflora*	イキシオイデス・ヴィリディフローラ	034				
Tillandsia jucunda	ジュクンダ	034				
Tillandsia juncea	ジュンセア	034				
Tillandsia kautzkyi	カウツキー	035				
Tillandsia loliacea	ロリアセア	035				
Tillandsia lotteae	ロッテアエ	035				
Tillandsia macbrideana	マクブリデアナ	036				
Tillandsia magnusiana	マグヌシアナ	036				
Tillandsia micans	ミカンス	036				
Tillandsia milagrensis	ミラグレンシス	037				
Tillandsia myosura	ミオスラ	037				
Tillandsia nuptialis	ヌプティアリス	037				
Tillandsia orogenes	オロゲネス	037				
Tillandsia paleacea ssp. *apurimacensis*	パレアセア・アプリマセンシス	038				
Tillandsia praschekii	プラシェキー	038				
Tillandsia pseudobaileyi × *streptophylla*	プセウドベイレイ×ストレプトフィラ	038				

Index

著者 **藤川 史雄**（ふじかわ・ふみお）
SPECIES NURSERY代表

両親の影響で小学生のころからサボテン、多肉植物に夢中になる。2001年、個性的で魅力的な珍奇植物の普及とその栽培の楽しさを伝える目的で、ティランジアをはじめとするブロメリア科植物・多肉植物・球根植物などを中心としたSPECIES NURSERY（スピーシーズナーサリー）を設立。2012年、気候が温暖な神奈川県中井町に本拠地を移転。園芸店への卸販売のほか、催事などでの出店販売（藤川商店）、インターネット通販などを運営している。目標は小さくても世界一面白い植物のナーサリー。

参考文献

Blooming Bromeliads/Baensch
Tropic Beauty Publishers

Bromeliad Cultivar Registry/Don A.Beadle
The Bromeliad Society International

An Alphabetical List of Bromeliad Binomials Eleventh Edition/Harry E.Luther
The Bromeliad Society International

Flora Neotropica No.14 Part1~2/L.B.Smith,Downs.R.J.
Hafner Press

Flora Neotropica No.14 Part3/L.B.Smith,Downs.R.J.
NewYork Botanical Garden

Bromeliads/Werner Rauh
Blanford Press

New Tillandsia Handbook/ 清水秀男 滝沢弘之
日本カクタス企画社

日本ブロメリア協会会報 / 日本ブロメリア協会
日本ブロメリア協会

企画・編集
川端正吾(STRAIGHT)

編集
谷水輝久(双葉社)

デザイン
小宮山秀明(STRAIGHT)
伊藤正裕(Park it Design)

写真
横山新一〈カラーバック〉
藤川史雄〈ブラックバック〉

イラスト
あべ あつし

協力
滝沢弘之
上野一郎
島崎 晃
矢部 宏
藤川恭子

制作
ATAQUE BRAZIL

エアプランツとその仲間たち
ブロメリアハンドブック

2013年6月23日　第1刷発行
2024年1月22日　第8刷発行

著　者　藤川史雄（SPECIES NURSERY）
発行者　島野浩二
発行所　株式会社双葉社
　　　　〒162-8540　東京都新宿区東五軒町3番28号
　　　　電話　(03)5261-4818（営業）(03)5261-4869（編集）
　　　　http://www.futabasha.co.jp（双葉社の書籍・コミックスが買えます）
印刷所・製本所　TOPPAN株式会社

落丁、乱丁の場合は送料双葉社負担でお取り替えいたします。
「製作部」宛にお送りください。
ただし、古書店で購入したものについてはお取り替えできません。
電話 (03)5261-4822（製作部）

定価はカバーに表示してあります。本書のコピー、スキャン、デジタル化等の無断複製・転載は著作権法上の例外を除き禁じられています。本書を代行業者等の第三者に依頼してスキャンやデジタル化することは、たとえ個人や家庭内での利用でも著作権法違反です。

©Fumio Fujikawa 2013
ISBN978-4-575-30532-6 C0076